대한민국 온리원 식당

대한민국 온리원 식당

초판 1쇄 발행	2024년 11월 27일
지은이	배명덕·박상욱·오동엽
기획	홍승완
펴낸곳	(주)행성비
펴낸이	임태주
편집총괄	이윤희
책임편집	김지호
디자인	페이지엔
마케팅	배새나
출판등록번호	제2010-000208호
주소	경기도 김포시 김포한강10로 133번길, 710호
대표전화	031-8071-5913
팩스	0505-115-5917
이메일	hangseongb@naver.com
홈페이지	www.planetb.co.kr

ISBN 979-11-6471-276-2 (03320)

행성B는 독자 여러분의 참신한 기획 아이디어와 독창적인 원고를 기다리고 있습니다.
hangseongb@naver.com으로 보내 주시면 소중하게 검토하겠습니다.

외식업, 경영에도 시그니처가 필요하다

대한민국 온리원 식당

only one

배명덕·박상욱·오동엽 지음 | 홍승완 기획

행성B

● 차례 ●

2부 외식업 핫 키워드 Q&A 30
-온리원 식당에게 묻는다

● 서문 ●
외식업계의 퍼스트 펭귄,
붉은 바다를 넘어 푸른 바다로

한 무리의 펭귄들이 빙산 위에 모여 있다. 배고픔에 지쳤건만 선뜻 바다로 들어가지 못한다. 저 아래로 바다표범 같은 포식자들이 유유히 헤엄치고 있기 때문이다. 펭귄들의 삶은 귀여운 외모처럼 녹록지 않다. 그때 무리 중 한 마리가 용감하게 바다로 몸을 던진다. 이윽고 그를 따라 나머지 펭귄들도 바다에 뛰어든다.

다들 머뭇거릴 때 가장 먼저 입수하는 첫 번째 펭귄, 다른 펭귄들을 이끄는 선구자를 '퍼스트 펭귄(First Penguin)'이라 부른다. 흔히 개척자 또는 도전자의 의미로 사용된다. 국내에는 미국 카네기멜론 대학 컴퓨터공학과 랜디 포시(Randolph Pausch) 교수의 책《마지막 강의》를 통해 널리 알려졌다. 이 책에서 췌장암 재발로 6개월 시한부 선고를 받은 랜디 포시는 경험과 삶에서 깨달은 점들 가운데 하나로 퍼스트 펭귄 이야기를 들려준다. 생전에 그는 자신이 맡은 '가상세계 구축' 과목에서 새로운 아이디어와 기술을 시도한 학생에게 상을 줬는데, 그 이름 역시 '첫 번째 펭귄상(The First Penguin Award)'이었다.

외식업의 바다가 붉은 이유

퍼스트 펭귄은 실패를 두려워하지 않고 미지의 세계를 향해 용감하게 도전한다. 퍼스트 펭귄은 자기 길을 간다. 첫 주자이자 유일무이한 존재로서. 철학과 비전과 전략 그리고 고유한 여정을 통해 자신만의 세계를 구축하는 개인과 조직도 마찬가지다.

펭귄에게 바다는 이중적 의미를 가진다. 바다엔 먹잇감이 많지만 바다표범 같은 천적이 있다. 생존에 필수적인 먹이를 제공하는 동시에 목숨을 앗아갈 수도 있는 위험천만한 곳이다. 외식업에 종사하는 이들에게 시장은 펭귄들의 바다와 별반 다르지 않다.

국내 외식 시장은 얼마나 치열할까? 일단 우리나라는 전체 고용 시장에서 자영업의 비중이 매우 크다. 미국의 경우 약 6%이고 일본은 10%인데 우리나라는 20%에 이른다. 미국의 3배 이상, 일본에 비해도 2배나 된다. 특히 전체 자영업에서 식당의 비중이 상당하다. 여러 통계 자료를 종합해보면 국내 전체 음식점 수는 일본이나 미국과 비교하면 인구 대비 일본의 2배, 미국의 3배가 넘는다.

혹시 식당의 5년 생존율이 얼마인지 아는가? 50%, 30%? 아니다. 20%가 채 안 된다. 음식점 10개 중에서 8개가 5년 안에 폐업한다는 뜻이다. 이 정도 폐업률은 다른 업종과 비교해도 높은 편이다. 국세청 통계 자료를 바탕으로 산출한 결과를 보면 2019년 기준 음식점업 총사업자는 75만 4,000개, 폐업은 16만 2,000개로 집계돼 폐업률이 21.5%에 이른다. 이는 전체 산업 평균 폐업률(11.5%)의 2배 가까이 된다. 같은 해 52개 업종 가운데 단연 1위다.

이에 어떤 이는 외식업이라는 바다는 늘 붉다고 말한다. 전사자로 가득한 피바다라는 뜻이리라. 좋든 싫든 모든 펭귄은 위험천만한 바다에서 먹이를 구하고 살아남는 방법을 배워야 한다. 마찬가지로 외식인이라면 누구나 치열한 경쟁에서 생존하는 법을 알아야 한다.

그렇다면 외식업에도 퍼스트 펭귄이 있을까?

있다. 이 책을 집필한 세 저자가 그렇다. 급성장하고 있는 프랜차이즈 '오유미당'의 배명덕 대표, '시나피 건강빵 연구소'와 '시나피 브런치 로스터리'의 주인장 박상욱 대표, 목포를 중심으로 10개 넘는 매장을 운영 중인 오동엽 대표가 그 주인공이다.

10여 년간 출판 기획자로 활동하고 있는 내가 세 저자를 처음 만났을 때 받은 뚜렷한 인상은 '독특함(uniqueness)'이었다. 세 사람은 기존 외식인의 모습과 사뭇 달랐다. 책 집필을 위해 정기적으로 만나고 매장을 방문하고 깊은 대화를 나누면서 첫 느낌이 틀리지 않았음을 확인할 수 있었다. 이들이 걸어온 길은 독특했다. 자연스레 '퍼스트 펭귄'이 떠올랐다.

　세 저자는 자기만의 개성이 분명했다. 동종 업계에서 활동하고 있다는 점을 빼면 성격도 스타일도 모두 달랐다. 그러다 책을 쓰는 여정을 함께하면서 공통된 특징 두 가지를 발견했다. 이는 바로 도전과 배움으로, 세 저자가 지금의 성과를 일군 원동력이기도 했다. 내가 보기에, 이 두 단어야말로 세 저자의 커리어를 함축하는 열쇳말이다. 누군가 내게 이 책을 한 문장으로 표현하라고 하면 이렇게 말하고 싶다.

　"외식업계의 퍼스트 펭귄: 도전과 배움으로 붉은 바다를 넘어 푸른 바다를 개척하다!"

외식업계의 퍼스트 펭귄

세 저자는 각자의 영역을 말 그대로 '새로운 방식'으로 개척해냈다. 이들이 걸어온 길은 일반적으로 외식인들이 따르는 경로와 그 출발점부터 달랐다. 외식업 관련 학과를 나오지 않았고, 심지어 본인 매장을 열기 전에 식당에서 일해본 적도 없다. 그런데도, 아니 어쩌면 그래서 외식업계에서 자기만의 방식으로 남다른 성취를 이뤄냈는지도 모른다.

대전에서 이름난 건강빵 베이커리 카페를 운영하는 박상욱 대표가 외식업에 종사하는 궁극적인 목적은, 그의 표현을 빌리면 "독실한 기독교 신앙인으로 선교의 꿈과 비전을 이루기 위해서"다. 이것이 그가 매일 최고의 재료로 건강한 빵을 만들어서 동네를 넘어 전국 각지로 판매하는 이유다. 오유미당의 배명덕 대표는 이제껏 아무도 시도하지 않은 돈가스와 쌀국수라는 메뉴의 조합으로 창업하자마자 1년 내내 줄 서는 식당을 만들었다. 그리고 정확히 1년 후 이 모델을 프랜차이즈로 확장해 1년이 채 안 되어 30여 개 가맹점을 오픈했으며 현재도 쾌속 성장 중이다. 오동엽 대표는 목포를 중심으로 사업을 확장해 손대는 매장마다 대박을 터뜨리며, 외식업에 뛰어든 지 불과 7년이 안 되어 매출 100억 원을 가뿐히 넘겼다. 더 놀라운 점은 거의 모든 매장을 동업 형태로 운영하며 이 같은 성과를 거뒀다는 점이다. 말도 많고 탈도 많다는 외식업계에서는 매우 드문 일이 아닐 수 없다.

이뿐이 아니다. 세 저자는 전례 없는 위기로 수많은 외식업체가 고전하고 식당들이 문을 닫은 코로나19 팬데믹 와중에 성취를 이뤄냈다. 배명덕 대표는 연간 매출액 200억을 돌파하고 오유미당을 80여 개 가맹점을 가진 전국구 프랜차이즈로 키웠다. 박상욱 대표는 대전의 원도심 작은 베이커리 카페에 온라인 비즈니스를 접목해 코로나19 이전보다 1,000% 넘는 성장을 달성했다. 오동엽 대표는 이 시기에 매장을 10개 넘게 오픈하고 본격적으로 프랜차이즈 사업에 뛰어들었다. 어떻게 이런 일이 가능했을까?

저자들은 이 질문에 대한 답을 정리하여 오늘도 고전분투 중인 외식인들과 나누고자 이 책을 썼다. 모두가 도전과 치열한 탐구를 통해 알아낸 것들이다. 외식업 커리어의 시작부터 남달랐던 탓인지 이들에게서는 고정관념이나 선입견을 찾아볼 수 없다. 새로운 아이디어와 혁신적인 방법을 받아들이고 시도하는 데 주저함이 없다. 이와 같은 태도는 메뉴 개발부터 입지 선정, 직원 채용, 벤치마킹, 교육, 마케팅 등 경영 전반에 지대한 영향을 미쳤다. 배명덕 대표의 프랜차이즈 사업 모델과 오동엽 대표의 다점포 경영 방식, 그리고 박상욱 대표의 온라인 비즈니스가 그랬다.

도전과 배움의 시너지

도전은 모험이다. 모험에는 장애물과 불확실성이 따르기 마련이다. 세 저자는 위험을 기꺼이 감수하고 용감하게 도전하는 개척자로서의 면모를 보여주었다. 그래서였을까? 세 저자 중 한 사람이 경영하는 회사 이름이 '용기있는사람들'이라는 사실을 알았을 때 나는 전혀 놀라지 않았다.

도전 정신과 더불어 또 하나 주목할 부분이 있다. 세 저자 모두 열심히 공부하는 외식인이라는 점이다. 이들이 공부하는 외식인 커뮤니티(정확한 모임명은 '데이터경영연구회')에서 처음 만났다는 사실은 의미심장하다. 안 그래도 신경 쓸 일 많은 식당 경영인으로서 따로 공부까지 해야 하다니, 쉽지 않은 일이다. 실제로 주변을 살펴보면 공부하는 식당 주인을 찾아보기가 어렵다. 장사하다 보면 책 한 권 읽기도 버겁다고 말한다. 그러나 세 저자는 공부는 옵션이 아닌 필수라고 입을 모은다. 외식업계에서 생존하려면, 한 걸음 나아가 꾸준히 성장하려면 끊임없이 배워야 한다는 것이다.

세 저자의 이력을 보면 결국 성공의 핵심에 공부가 있었음을 알 수 있다. 식당을 운영하며 쌓는 실전 경험만으로는 부족하다. 관련 책을 읽고 전문 교육도 받아야 한다. 그렇게 쌓은 지식을 하나라도 더 현장에 적용해야 한다. 다른 식당을 부지런히 벤치마킹하고 다양한 외식인들과 교류하는 일도 중요하다. 그러나 매장 운영하기도 벅찬 상황에서 이를 실천하기란 쉽지 않다. 세 저자의 성공은 바로 이런 현실을 극복하려는 의지의 산물이다. 이들은 바쁜 와중에도 어떻게든 시간을 만들어 공부에 투자한다.

도전과 배움은 서로를 북돋운다. 도전은 학습을 자극하고 배움은 도전에 필요한 관점과 실마리를 제공한다. 시너지 효과를 발휘한다는 뜻이다. 생각해보면 낯설고 어려운 상황은 배운 지식을 활용할 기회이자 반전의 기회가 된다. 덕분에 우리는 문제를 해결하고 한계를 극복할 수 있다. 배움 없는 도전은 무모하고, 도전 없는 배움은 공허할 뿐이다.

궁금하지 않은가? 세 저자가 어떤 과정을 거쳐 지금의 자리에 올랐는지. 그 여정이 궁금하다면, 또 이들이 무엇을 향해 어떻게 도전했으며 무엇을 어떻게 배웠는지 알고 싶다면 이 책을 손에서 놓지 말기 바란다.

책을 한 권 쓰는 일은 블로그나 SNS 글쓰기와 차원이 다르다. 기성 작가나 출판 전문가가 아니면 쉽게 뛰어들지 못한다. 노동 강도가 세기로 유명한 외식업의 특성상 책 집필은 큰 도전이다. 실제로 책을 낸 외식인은 다른 직업군에 비해 매우 적은 편이다. 그런 의미에서 이 책은 세 저자의 도전과 배움 정신을 상징하는 또 다른 예다.

장사가 잘되는 매장일수록 분주하다. 세 저자의 일정표는 늘 이런저런 일로 꽉 차 있다. 더욱이 사는 곳이 다 달라서(동탄, 청주, 대전, 목포) 한 번 모이는 일도 만만치 않았다. 그래도 우리는 정기적으로 만나서 토론하고 공부하고 열심히 원고를 썼다. 함께 쓰는 공저 작업은 혼자 쓸 때보다 훨씬 복잡하다. 책을 완성하는 데 드는 시간도 단독 저서보다 더 오래 걸리는 경우가 태반이다. 상의하고 조율할 일이 많으니 그럴 수밖에 없다.

이 책의 원고를 완성하는 데만 1년 가까이 걸렸다. 세 저자는 오랜 시간 책을 쓰며 외식 경력을 돌아보고, 자신의 강점과 비전 등을 전반적으로 정리할 수 있었다. 이는 앞으로의 외식 인생에 중요한 밑거름이 되리라 믿는다.

푸른 바다로 향하는 사람들

이 책은 크게 두 가지 뼈대로 이루어져 있다. 먼저 세 저자의 이야기를 1부에 담았다. 외식업에서 가장 중요한 요소와 그동안 깨달은 점, 자신의 필살기, 그리고 다른 외식인들과 나누고 싶은 교훈을 사례와 함께 자세히 풀어냈다.

2부에서는 세 저자의 전문 분야에 관한 노하우를 구체적으로 정리했다. 프랜차이즈, 온라인 비즈니스, 다점포 경영에 관심이 있는 외식인들과 예비 창업자가 꼭 알아야 할 정보를 질의응답 형태로 소개했다.

질문은 데이터경영연구회의 박노진 대표가 선정했다. 20년 현장 경험과 100건의 컨설팅 수행, 5권의 책을 쓴 손꼽히는 외식 멘토로서, 그는 총 300개가 넘는 질문 목록에서 프랜차이즈와 온라인 비즈니스와 다점포 경영의 핵심에 해당하는 것들을 추렸다. 이 자리를 빌려 감사드린다.

한 펭귄이 앞장서서 바닷물에 뛰어들면 다른 펭귄들도 두려움을 떨치고 뒤따른다. 이런 현상을 '펭귄 효과(Penguin Effect)'라고 한다. 개척자는 불확실하고 위험한 상황에서 용기를 내는 사람들이다. 먼저 도전함으로써 다른 이들에게 새로운 길을 보여주고 영감을 준다. 이 책이 붉은 바다를 넘어 가능성으로 빛나는 푸른 바다로 나아가려는 외식인들에게 용기와 영감을 줄 수 있다면 그보다 더한 기쁨은 없을 것 같다.

세 저자를 대신하여

홍승완 (작가·출판 기획자)

only one

1부

외식 경영
삼인삼색 필살기

1장

오유미당,
감탄사가 절로 나오는 맛

프랜차이즈의 퍼스트 펭귄
- 배명덕 대표

태도, 식당 성공의 열쇠

외식업에서 중요한 것이 여러 가지가 있지만 그중에서도 '태도'를 꼽고 싶다. 사전에서 찾아보면 태도란 "어떤 일이나 상황 따위를 대하는 마음가짐 또는 그 마음가짐이 드러난 자세"다.

그동안 프랜차이즈를 운영하면서 많은 사람을 만나봤다. 점주뿐만 아니라 협력업체와 외식업 관계자 등 수백 명의 사장을 만났다. 그럴수록 다른 무엇보다 태도가 중요하다는 점을 깨달았다.

생생하게 꿈을 꾸면 이루어진다

나도 처음에는 식당 창업과 운영에서 맛, 메뉴, 서비스, 위생, 인테리어 등 식당의 외적인 요소가 중요한 줄 알았다. 하지만 같은 인테리어, 같은 교육, 같은 메뉴인데도 어떤 마음가짐을 가지고 운영하느냐에 따라서 매출이 달라지는 걸 여러 번 경험했다. 오유미당의 한 점주가 개인 사정으로 매장 일체를 다른 사람에게 양도한 경우가 있었다. 모든 게 같고 단지 사장만 바뀌었는데 6개월 만에 매출이 2배로 뛰어오르는 걸 보았다. 맛, 청결, 서비스, 마케팅 등 요인도 분명 중요하지만 관건은 사람이었다. 결국 식당 경영의 열쇠는 사장의 마음가짐, 즉 태도다.

내게도 비슷한 경험이 있다. 2015년에 족발 레시피만 배우고 족발 배달집을 오픈했다. 당시 나이도 어리고 누구 하나 도와줄 사람도 없었다. 자금 또한 한정적이어서 돈을 아껴야 하는 처지였다. 사정이 이렇다 보니 유명 브랜드의 프랜차이즈 가맹점이 될 수 없었다. 가장 저렴하게 가게를 차리는 방법은 레시피만 배워 와서 배달집을 여는 것이었다. 그때 나는 스스로에게 두 가지 다짐을 했다.

첫째, 나보다 나이가 어려도 먼저 시작하고 성공했으면 선생이고 스승이다. 열심히 배워서 그대로 실천하자.

둘째, 필사즉생 필생즉사(必死卽生 必生卽死). 즉 죽기를 각오하면 살고, 반드시 살고자 하면 죽는다. 목숨 걸고 장사한다.

이러한 마음가짐으로 하루 13시간씩 일했다. 창업하고 2년 후 열심히 배우고 실천해서 월 1억 매출까지 나오게 되었고 배달의민족에서 전국 상위 1% 우수 업소 족발집이 되었다.

지금도 추운 겨울, 오토바이를 타는 라이더를 보면 남 일 같지 않

족발 배달 전문점 운영 당시 모습. 직접 배달하며 가게 일을 했다.

다. 나도 월세 60만 원에 15평 규모의 가게를 열고 낮 12시 출근해서 새벽 1시에 퇴근했다. 하루 13시간, 365일 쉬지 않고 일했다. 당시 하루 일과를 떠올려본다. 낮 12시에 출근하면 족발을 손질하고 삶는다. 다음으로 배추 절이고 다진 양념과 김치를 만들고, 이어서 막국수 소스와 마늘 소스를 준비한다. 이렇게 얼추 장사 준비를 마치는 시간은 오후 6시, 이때부터 배달 주문이 들어오면 오토바이 타고 배달을 나갔다.

한 푼이라도 아끼기 위해 배달도 직접 했다. 아르바이트나 배달 직원을 쓰기도 했는데 사고가 자주 나서, 차라리 내가 하는 게 낫겠다는 마음으로 배달을 나갔다. 비가 오나 눈이 오나 태풍이 오나 라이더 생활을 4년가량 했다.

한번은 한여름에 태풍이 와서 비바람이 엄청 몰아쳤다. 배달 대행은 사고 위험으로 운행을 멈춘 상태였는데, 조금이라도 더 벌어보겠다고 배달을 나섰다. 보통 날씨가 안 좋을수록 배달이 더 많다. 한 고객이 주문했고 나는 대기 시간으로 60분을 걸어놨다. 악천후를 뚫고 고객 집에 도착했으나 20분 지각이었다. 늦어서 너무 죄송했다. 아니나 다를까 고객은 엄청나게 불만을 쏟아냈다. 나는 머리 숙여 몇 번이나 사과드렸다. 겨우 매장 마감을 하고 집에서 배달의민족 리뷰를 확인하는데 아까 그 손님이 평점 별 하나를 주고는 장문의 악플을 달았다. 고객의 마음을 이해하면서도 태풍 속에 목숨 걸고 배달을 나갔는데 가슴이 아팠다. 너무 슬펐다.

당시에 매일 같은 기도를 했다. '제발 사고 나지 않고 아무 일 없이 무사하게 해주세요.' 라이더가 사고로 다치거나 죽었다는 소식이라도 들으면 불안감에 휩싸였다. 다음엔 내 차례가 아니길 바라며 배달을 나섰다. 넘어져서 다치는 건 일상이었다. 특히 눈이 오거나 비가 올 때 많이 넘어졌다. 사람들은 지금 모습만 보고 내가 고생 안 했을 것 같다고 하는데, 그때만 생각하면 마음이 복잡해진다. 정말이지 꿈에라도 다시는 돌아가고 싶지 않다. 그렇다면 나는 이 모든 어려움을 어떻게 이겨냈을까?

사실 비결이라고 할 것도 없다. 다만 앞에서 언급한 두 가지 태도를 매일 되새겼다. 나보다 조금이라도 나은 사람이라면 그가 누구든 열심히 배우고, 장사에 목숨을 걸겠다고 다짐했다. 스스로 자부할 만큼 최선을 다했다. 여기에 또 하나, 긍정적인 마음. 나는 성공할 수 있고 잘할 수 있다는 마음가짐으로 버티고 위기를 극복했다. 지금도 내 책상에 이러한 문구가 적혀 있다. 'R = VD.'

R은 Realization(실현), V는 Vivid(생생한), D는 Dream(꿈)의 약

배명덕 대표 책상에 붙어 있는 R = VD

자로, 생생하게 꿈을 꾸면 반드시 이뤄진다는 뜻을 담고 있다. 나는 지금도 생생하게 꿈을 꾸고 포기하지 않으면 원하는 것이 이루어진다고 믿는다.

장사는 열정이다

프랜차이즈를 운영하고 여러 식당을 컨설팅하면서 깨달은 점이 있다. 모두 나 같은 마음이 아니라는 것이다. 매출이 안 나오는 식당은 나와 반대로 생각하는 경우가 많았다. 물론 나도 실수할 때가 있고 부족한 점도 있다. 하지만 같은 노하우를 알려줘도 어떤 사람은 대박 식당을 만들고 또 다른 사람은 성장하지 못한다.

처음 TV에서 〈백종원의 골목식당〉을 보면서 여러 번 놀랐다. 외식업의 최고 전문가가 제시하는 솔루션을 제대로 따르지 않는 식당 사장들이 적지 않았다. 외식업계에서 가장 성공한 인물이 도와주는데도 계속 본인이 맞다고 주장하는 이들이 있다는 점이 놀라웠다. 나 역시 프랜차이즈 사업을 하고 또 점주들을 교육하면서 비슷한 경험을 종종 하고 있다. 하나만 예를 들어보겠다.

오유미당은 최대한 일정을 압축해서 가맹 점주들에게 총 6일간 교육을 하고 있다. 오유미당의 대부분 점주는 열심히 참여한다. 그런데 간혹 교육 기간이 길다면서 3일만 나오겠다고, 심지어 자기는 하루면 된다고 우기는(?) 점주가 있다. 이때마다 나는 화가 나기보단 가슴이 아프다. 많이 배울수록 점주에게 좋은 게 당연지사다. 특히 처음 식당을 창업하는 사람이라면 더 말할 것도 없다. 배우는 것만으로는 부족하다. 교육은 태권도를 배우는 것과 똑같기 때문이다. 시범만 보면 쉬워 보이는데 실제로 해보면 팔다리가 안 따라준다. 그래서 반복 훈련을 통해 몸으로 익히는 과정이 필수적이다.

여유 있는 상황에서 식당을 창업하는 경우는 드물다. 다들 나름대로 어렵게 돈을 구해 투자한다. 그러니 더욱 교육을 잘 받아야 한다. 열심히 배워도 성공할까 말까인데, 짧은 교육조차 충실히 받지 않으려 들면 십중팔구 망한다.

장사는 한마디로 열정이다. 열정이 모든 걸 좌우한다. 나는 그렇게 믿는다. 가슴 뜨거운 삶을 살아야 한다. 열정이 모든 것을 이긴다. 자신이 가고자 하는 방향이 맞으면 죽기 살기로 해야 한다. 몸을 사리지 말라. 잠은 죽어서 자자는 마음가짐으로 노력해야 한다.

남들보다 뛰어나지 않거나 돈이 없다면 10배는 더 노력해야 한다. 마치 돋보기로 종이를 태우듯 에너지를 한곳에 집중해야 결과를 만들어낼 수 있다. 만약 당신이 처음 식당 창업을 준비하고 있다면 아마 온갖 것들이 두려울 거다. 두려움을 이겨내는 것이 바로 열정이다. 열정도 없고 행동도 없고 탁상공론만 하면 두려움에 사로잡히게 되어 있다.

오유미당의 한 점주가 개인 사정으로 가게를 못 하게 되어서 새로운 점주가 매장을 이어받았다. 앞에서 잠시 언급했던 바로 그 매장 이야기다. 새 사장은 젊고 열정이 넘쳤다. 일단 교육 내용을 모두 따랐다. 매장 청소, 서비스 지침과 레시피 준수, 마케팅 등 내가 제안한 모든 걸 실천했다. 여기에 더해 하루 30분씩 밖에 나가서 쿠폰 전단지 홍보도 하라고 했다. 점주는 이 일도 두말없이 그대로 실행했다. 쿠폰을 돌리니 이전보다 하루 평균 2~3팀이 더 방문했다. 이렇게 열정을 가지고 운영하니 6개월 만에 매출이 두 배나 올랐다.

장사가 안되는 식당의 사장일수록 창밖을 자주 본다. 그런다고 손님이 오지는 않는다. 명심하자. 열정의 부재는 현상 유지가 아니라 퇴보다. 열정의 불꽃을 사그라뜨리면 두려움에 먹이를 주는 꼴이다. 그렇게 두려움이 커지면 정말이지 아무것도 못 하게 된다. 대부분 실패의 원인은 두려움이다. 성공한 사람들은 열정을 가지고 수많은 실패를 딛고 앞으로 나아간다.

인성을 강조하는 오유미당의 사훈

인내심과 인성이 중요하다
-빠르게 부자 되고 싶은 마음이 오히려 가난을 부른다

요즘 시대는 뭐든 초고속이다. 다들 빠른 걸 원한다. 이메일이나 문자보다 빠른 카카오톡, 5분 안에 완성되는 패스트푸드, 하루 만에 물건을 받는 '로켓배송' 등이 그렇다. 원하는 즉시 결과가 나온다. 하지만 성공과 부는 다르다. 대체로 짧게는 2~3년, 길면 10년을 투자해야 한다. 이 시간을 견뎌야 한다. 그런데 대부분 인내가 부족해서 쉽게 포기한다.

빠르게 부자 되고 싶은 마음은 가난으로 가는 첩경이다. 빠르게 부자가 되고 싶은 욕심이 판단을 흐리게 한다. 오판이 거듭되면 가난해진다. 묻지 마 투자, 사기, 도박 등 빠르게 돈 버는 방법은 그만큼 위험이 큰 법이다. 성공은 쉽게 얻어지지 않는다. 열심히 노력하다 보면 부(富)는 따라온다. 식당도 열심히 노력하고 인내하면 단골이 생기고, 단골이 늘면 맛집이 된다. 성공은 하루아침에 이루어지는 게 아니다. 너무 당연한 얘기처럼 들리겠지만 현실에선 잘 받아들여지지 않는다.

마지막으로는 인성을 강조하고 싶다. 우리 회사에서 가장 중시하는 한 가지가 인성이다. 인성이 갖추어져 있지 않으면 성공하기 어렵다. 그래서 우리 회사 사훈은 정직, 성실, 겸손이다. 정직이란 말은 마음에 꾸밈이 없고 바르고 곧음을 의미한다. 성실은 정성스럽고 참되다는 뜻이다. 겸손은 남을 존중하고 자기를 내세우지 않는 태도를 말한다.

인성이 부족한 사람은 피하는 게 상책이다. 배려심이 없거나 이기적이거나 거짓말을 잘하는 건 인성이 부족한 탓이다. 이런 사람을 멀리해야 화를 면할 수 있다. 반대로 좋은 사람을 만나는 건 큰 복이다. 살면서 피해야 할 사람을 간단히 적어보겠다.

첫째, 약속을 안 지키는 사람.

약속을 쉽게 어기는 사람이 생각보다 많다. 하나를 보면 열을 안다고 이런 사람은 시간 약속, 돈 약속을 어기는 건 물론이고 상도와 의리도 없다. 사회에 나와 주변을 둘러보라. 약속 잘 지키는 사람이 몇이나 되는지. 어머니께서 예전에 하신 말씀이 기억난다. "시간 약속과 돈 약속만 잘 지켜도 성공한다. 신뢰가 생명이다." 약속을 자주 어기는 사람과 어울리면 안 된다.

둘째, 갑자기 아무 이유 없이 잘해주는 사람.

평소에는 안 그러다가 갑자기 잘해주는 사람들이 있다. 선물도 주고 밥 먹자고 연락도 한다. 사기꾼들이 잘 그런다. 친구와 가족보다 잘한다. 왜 그럴까? 뭔가 상대로부터 뽑아 먹을 게 있기 때문이다. 예전에 나도 이런 사람들 때문에 적지 않은 피해를 본 적이 있다. 천사의 얼굴을 하고 왔는데 나중에 보니 악마였다. 흔히 말하는 소시오패스(sociopath)다. 이런 사람은 남을 이용하고도 양심의 가책을 못 느낀다. 단연코 피해야 한다.

셋째, 입으로만 일하는 사람.

말은 청산유수인데 행함이 없다. 위기를 벗어나려고 말로 때운다. 과일은 열매를 보면 아는데 입만 산 사람은 열매가 없다. 행여라도 가까이하지 말아야 한다.

넷째, 거짓말과 허세가 심한 사람.

가끔 보면 교묘하게 말을 꾸며내는 사람이 있다. 이런 사람에게 여지를 주면 습관처럼 점점 심해진다. 허세 부리는 사람도 그와 비슷하다. 빈 수레가 요란하다.

외식인에게는 태도가 매우 중요하다. 열정과 인내심, 그리고 우리 회사의 사훈으로 삼은 세 가지(정직, 성실, 겸손)가 내가 생각하는 올바른 태도라면, 바로 앞에서 언급한 네 가지는 말 그대로 악덕이다. 이런 태도를 가진 유형의 사람과는 어떤 식으로든 얽히지 말아야 한다. 득보다 실이 압도적으로 크다. 나 역시 이런 유의 사람이 되지 않으려고 노력하고 있다.

믹스, 강력하고 단순한 차별화 전략

나의 필살기는 '믹스(Mix)'다. '섞기'야말로 가장 쉽고 단순한 차별화 방법이다. 그래서 모든 걸 믹스라는 관점에서 보려고 노력한다. 간단한 예를 하나만 들면, 내연기관 엔진과 배터리가 합쳐져 차별화된 하이브리드 자동차를 만들었다. 믹스를 통해 연비가 좋아지고 힘도 좋은 새로운 영역의 자동차를 개발할 수 있었다.

오유미당의 메뉴 믹스

내가 아는 최고의 믹스 명인은 소프트뱅크의 손정의 회장이다. 손정의는 젊은 시절부터 사업가를 꿈꿨다. 아이템의 중요성을 알고 있던 그는 아이디어를 발굴하기 위해 자신만의 방법을 만들어냈다. 바로 300여 개의 낱말 카드였다. 그는 매일 이 낱말 카드 중 손이 가는 대로 3개를 뽑아서 조합했다. 대부분 허탕이었음에도 말이다. 그러나 놀랍게도 이 방법으로 200건이 넘는 사업 아이디어를 만들어냈다.

가끔은 기발한 아이템도 나왔다. 그중 하나가 음성 번역기였다. '음성 신시사이저' '사전' '액정 화면'이라는 세 단어를 뽑고 나서 이리저리 조합하다 나온 아이디어였다. 그는 실제로 관련 전문가와 협업하여 음성 번역기를 개발하는 데 성공했다. 당시 20대 초반이었던 손정의는 이 발명품을 일본 대기업 샤프에 1억 엔을 받고 넘겼다. 이 돈을 밑천으로 자기 사업을 시작했다. 이후 이야기는 더 말하지 않아도 다들 알 것이다. 그는 세계 최고의 기업가 가운데 1명이 되었다.

오유미당 또한 메뉴의 믹스를 잘해서 성공했다. 나는 처음부터 돈가스를 할 생각은 아니었다. 배달 전문 족발집을 운영하고 있었는데 배달 스트레스가 큰 데다 저가 브랜드가 난립하면서 점점 힘든 상황이 되었다. 매일 족발 삶고 김치 담그고 소스 만드는 등 일이 많다 보니 직원들이 그만두기 일쑤였다.

엎친 데 덮친 격으로 경기도 좋지 않아 손님들은 비싼 음식을 찾지 않았다. 그래서 호불호가 적고 쉽게 접근할 수 있는 돈가스를 선택했다. 사실 나부터 돈가스를 참 좋아했다. 어릴 적 돈가스는 최고의 외식 메뉴였다. 생일 같은 특별한 날에는 돈가스가 단골 메뉴였고 친구들 역시 다들 좋아했다.

내가 인생 처음으로 방문한 돈가스집은 청주 시내에 있는 '황태

자의 첫사랑'이었다. 고급스러운 인테리어와 멋진 가구들, 정장을 입은 직원들의 서비스까지 모든 게 인상적이었다. 입맛 돋우는 스프가 먼저 나오고, 이어서 소스를 얹은 돈가스가 나오는 경양식집이었다. 막 튀긴 돈가스를 칼로 쓱쓱 썰어 먹으면 어찌나 맛있던지, 그때부터 돈가스를 좋아하게 된 것 같다.

오유미당은 어떤 돈가스를 할까 고민했다. 경양식 왕돈가스로 할지, 일식 스타일로 할지 쉬이 결정 내리기 어려웠다. 당시 주변 상권은 거의 다 경양식 돈가스였다. 이는 김밥천국 같은 분식집이나 일반 식당 메뉴판에도 들어가 있었다. 경쟁자가 많았다는 뜻이다. 가급적 경쟁을 피하는 게 좋겠다고 생각했는데, 마침 주변에 일식 돈가스를 하는 곳이 별로 없었다. 오유미당은 차별화를 위해 일식 돈가스를 선택했다.

잠시 일본식 돈가스의 역사에 대해 알아보자. 우리가 즐겨 먹는 돈가스의 역사는 19세기로 거슬러 올라간다. 메이지 시대(1868~1912년)에 독일 요리사에 의해 일본에 소개된 것으로 알려져 있다. 처음에는 고급 서양식 레스토랑에서 판매하다가 점차 인기를 얻으면서 널리 퍼졌다. 돈가스는 얇게 썬 돼지고기에 빵가루를 입혀 바삭해질 때까지 튀긴 요리다. 일반적으로 밥, 잘게 썬 양배추, 과일 등과 함께 특별한 소스를 곁들여 나온다. 첫 등장 이후 돈가스는 치킨 돈가스, 해산물 돈가스, 심지어 두부나 버섯으로 만든 채식 돈가스까지, 다양한 형태로 진화했다. 오늘날 돈가스는 패스트푸드 체인점부터 일본 전통 음식점에 이르기까지 다양한 식당에서 찾아볼 수 있다.

오유미당에서 판매하는 다양한 돈가스 메뉴

일식 돈가스의 핵심은 고기다. 두툼한 고기가 특징이니, 당연히 고기 맛이 좋아야 한다. 등심의 경우 숙성이 특히 중요한데, 잘못하면 고기가 질겨진다. 오유미당 돈가스 원육은 협력업체와의 긴밀한 관계 속에서 숙성된 좋은 고기로 공급받고 있다.

한창 베트남 여행이 유행이던 시절 쌀국수가 인기를 끌었다. 그전까지 한국에서 낯선 음식이던 쌀국수를 먹어본 이들이 늘면서 덩달아 쌀국숫집이 많이 생겼다. 그러던 어느 날 '가장 대중적인 메뉴이자 남녀노소 좋아하는 돈가스에 쌀국수를 접목하면 어떨까?' 하는 아이디어가 떠올랐다. 그래서 한번은 돈가스 전문가에게 물어봤다. "돈가스와 쌀국수를 조합한 메뉴로 식당을 차리면 어떨까요?" 전문가는 한 치의 망설임 없이 "안될 것 같다"고 답했다. 돌려 말하긴 했지만 한마디로 망할 거라는 얘기였다. 그는 돈가스에는 우동이나 라면이 어울린다고 확신에 차 덧붙였다.

나는 6개월 정도 돈가스를 공부했다. 운영 중이던 족발집을 마감하고 새벽 1시부터 4시까지 매일 연구했다. 말이 연구지 사실 시행착오의 연속이었다. 10여 종류의 빵가루 테스트부터 소스 테스트, 튀김 온도 테스트, 고기 테스트에 이르기까지 수많은 실험과 시도를 거듭했다. 그러다 보니 몸은 힘들었지만 돌아보면 설레고 행복했던 시절이었다.

걱정 반 기대 반의 마음으로 오유미당의 문을 열었다. 다행히도 고객의 반응은 폭발적이었다. 얼마 안 되어 365일 줄 서는 식당이

오유미당의 대표 메뉴인 돈가스와 쌀국수

되었다. 15평 매장에서 일 매출 320만 원까지 올렸다. 그 비결이 궁금하지 않은가?

오유미당의 가장 큰 성공 요인은 메뉴다. 돈가스와 쌀국수는 익숙한 메뉴인데, 이 둘의 조합은 신선했다. 요컨대 익숙한 메뉴 두 가지를 섞어 차별화를 실현한 것이다. 이런 예는 주변에서 드물지 않게 찾아볼 수 있다. '곱도리탕'은 곱창과 닭도리탕을 섞은 것이고, '낙곱새'는 낙지+곱창+새우의 조합이다. '짜파구리'는 짜파게티와 너구리라는 두 라면 제품을 섞은 것이고, '믹스커피' 또한 커피에 설탕과 크림을 섞은 것이다. 비빔밥은 말 그대로 여러 음식을 비빈 음식이고 위키피디아는 백과사전과 인터넷을 결합한 것이다. 이처럼 기존 메뉴를 잘 믹스하기만 해도 대박 상품을 만들어낼 수 있다.

믹스 전략으로 대박 난 사례들

이질적인 둘을 섞어서 필살기를 만들어낸 예를 좀 더 살펴보자. 30년 넘는 전통을 가진 갈빗집인 '오동추야'는 경기도 이천을 대표하는 맛집이다. 오동추야 역시 믹스 전략을 잘 활용하고 있다. 국내에서 30년 이상 된 가게는 많지 않다. 그동안 무수한 갈빗집들이 생겼다가 사라졌을 텐데, 오동추야만이 오랜 세월 성장할 수 있었던 이유 중 하나는 메뉴의 특별함이다.

오동추야의 필살기는 한마디로 '냉면이 맛있는 돼지갈빗집'이다.

일반 가게들은 보통 기성 제품을 구매해서 사용한다. 직접 면을 뽑는 일이 여간 까다롭고 힘든 게 아니기 때문이다. 오동추야는 면은 물론이고 육수도 직접 만든다. 그렇게 냉면 전문점보다 맛있는 냉면을 손님들에게 제공한다. 30년 넘는 세월을 거치며 독보적인 갈빗집이 된 비결이다. 보통 냉면과 고기 둘 다 맛있는 갈빗집은 매우 드물다. 그런데 오동추야는 둘 다 맛있다. 돼지갈비와 냉면 모두 30년 장인의 작품이다. 직접 자가 제면한 냉면에 수제 갈비 두 가지를 잘 믹스시켜 이천 최고의 갈빗집이 되었다.

얼마 전에 미국에서 식당 프랜차이즈를 경영하는 대표가 내게 이런 얘기를 했다. 자기가 미국에 사는데 테슬라 차는 못 사겠단다. 일단 디자인이 별로고 조립 품질이 떨어지며 승차감이 아쉽다는 게 이유였다. 얼마나 신빙성이 있는지 모르겠지만, 그에 따르면 테슬라

오동추야는 돼지갈비와 냉면으로 유명하다.

는 기술적인 면에 치중하여 차를 만들다 보니 애플 같은 감성이 없다고 한다. 이 이야기를 듣고 나서 생각해보니 애플이야말로 믹스 전략 전문가다.

애플은 자사 제품에 기술과 예술, 또는 기술과 인문학을 믹스해낼 줄 안다. '사람이 원하는 것이 무엇인가?'에 대한 연구가 인문학이라면, 잡스는 이를 제품 개발에 적용했다. 기술과 감성을 결합하여 대중이 원하는 물건을 만들어냈다. 잡스가 엔지니어 출신이 아니며 인문학과 예술에 조예가 깊었다는 점은 우연이 아닐 듯싶다. 그런데 애플 제품을 자세히 들여다보면 완전히 새로운 물건은 아니다. 스티브 잡스가 혼자 발명한 것이 거의 없다. 1990년대 미국 월간지 〈와이어드(Wired)〉와의 인터뷰에서 그는 이렇게 밝힌 바 있다. "창의적인 사람들은 실제 아무것도 한 게 없기 때문에 약간의 죄책감이 들기도 한다."

그러나 사람들이 그를 혁신의 아이콘으로 추앙한다. 그 이유는 기술의 잠재성을 알아보고 이를 제품과 통합하려는 발상과 독창적인 시도에 있다. 이것이 애플의 성공 비결이다. 예를 들면 애플은 최초의 컴퓨터와 핸드폰을 개발하지 않았다. 다만 이 둘을 제대로 섞어서 스마트폰이라는 21세기 대표 상품을 만들어냈다. 마찬가지로 애플은 온라인 음악 플랫폼이나 MP3 플레이어를 발명하지 않았다. 다만 이 두 가지를 주도적으로 조합해냈을 뿐이다. 아이팟이 바로 그 주인공이다. 이 제품이 수많은 경쟁사 MP3 플레이어를 누르고 크게 성공한 이유는, 아이튠즈라는 음악 플랫폼과 결합했기 때문이다. 이처럼 두 가지를 결합하여 경쟁 제품과 차별화를 한 것이 바로 잡스의 성공 요인이었다.

1980년대 중반 잡스는 영화 〈스타워즈〉로 유명한 조지 루카스로부터 '픽사'를 인수했다. 픽사(PIXAR)라는 이름은 컴퓨터의 화소(pixel)와 예술(art)의 합성어로 알려져 있다. 우여곡절을 겪긴 했지만 잡스는 이 회사를 통해 세계 최초의 장편 CG 애니메이션인 〈토이 스토리〉를 만들어 대박을 쳤다. 잡스는 이때의 경험을 통해 '기술+예술'의 중요성을 다시금 깨달았다. 픽사의 핵심 인재로 〈토이 스토리〉와 〈벅스 라이프〉 등을 감독한 존 라세터는 "예술은 기술에 도전하고, 기술은 예술에 영감을 준다"라고 말했다. 잡스의 생각도 같았다. 이러한 맥락에서 애플만의 독특한 정신이 만들어졌다. 애플은 제품을 만들 때 기술적으로만 접근하지 않았다. 제품에 예술적 감성을 더해 세계 최고의 회사로 성장했다.

아마 외식업만큼 경쟁이 치열한 업종도 드물 것이다. 그래서인지, 좀 잘된다 싶으면 너도나도 아이템을 베끼기 바쁘다. 잘되는 식당을 따라 하는 데 급급한 이들에게 해주고 싶은 말이 있다. 불멸의 화가 파블로 피카소는 이렇게 말했다. "뛰어난 예술가는 모방하고 위대한 예술가는 훔친다." 나는 모방하거나 훔치지 않는다. 다만 섞는다. 늘 '이것과 저것을 섞으면 무엇이 나올까?' 궁리한다. 믹스라는 단순한 방법만으로도 강력한 차별화 전략을 만들어낼 수 있다는 걸 잘 알고 있기 때문이다. 나의 필살기는 믹스이며, 지금도 최고의 믹서(mixer)를 꿈꾼다.

잘 만든 시그니처 메뉴 하나가 고객을 끌어당긴다

식당 차별화의 포인트는 고유의 시그니처 메뉴와 메뉴 구성이다. 문을 열기 전에 사람들이 왜 그 식당에 와야 하는지 이유를 찾아야 한다. 자기만의 강력한 무기가 있어야 한다는 말이다. 여러 장점을 마련할 수 있겠으나 무엇보다도 '음식'이 먼저다. 다른 데서는 맛볼 수 없는 메뉴가 있을 때 사람들은 그 식당을 찾는다.

오유미당 시그니처 메뉴 탄생 스토리

처음 오유미당을 시작할 때 시그니처 메뉴를 어떤 걸로 할까 고민이 많았다. 그러던 중에 우연히 유튜브에서 고기 음식 관련 자료를

오유미당의 시그니처 메뉴인 토마호크 돈가스

오유미당의 대표 메뉴인 오지개 돈가스

보다가 일본인이 만든 영상까지 보게 되었다. 돼지고기 갈비뼈를 특별한 방식으로 발골해서 돈가스를 만드는 장면이 눈에 들어왔다. 보자마자 이거다 싶었다. 한국에서 같은 방식으로 발골하는 곳을 알아보다가 벽에 부딪혔다. 청주의 한 정육업체에서는 그렇게 하면 삼겹살 부위가 날아간다는 이야기를 들었다. 그러니 누가 그런 방식으로 발골해주겠느냐는 것이다.

그래서 내가 아는 고기 전문가들에게 전화를 돌렸다. 몇몇 업체를 소개받아 연락하면 다들 마치 입을 맞춘 듯이 최소 발주량(minimum order quantity, MOQ)부터 물었다. 특수 발골이어서 그런지 다들 귀찮아하는 눈치였다. 대놓고 거절하지는 않았지만 물량이 얼마나 될지 모르는데 덥석 받아들일 수는 없다는 분위기였다. 한 번도 팔아보지 않은 메뉴인데 최소 주문량부터 요구하니 나 또한 난감했다. 그래도 굴하지 않고 사방팔방 수소문한 끝에 적합한 협력업체를 찾았다. 그렇게 탄생한 게 '토마호크 돈가스'다.

나는 토마호크 돈가스라는 특별한 음식을 전국 오유미당에서 누구나 편하게 맛볼 수 있게 만들었다는 자부심을 가지고 있다. 그전까지는 돈가스에서 잘 사용되지 않는 부위였는데, 눈을 사로 잡고 비주얼과 맛 또한 뛰어난 뼈 달린 돈가스를 먹기 위해 사람들이 줄을 서기 시작했다. 감사하게도 오유미당이 빠르게 널리 알려지는 계기가 되었다.

오유미당의 또 다른 시그니처 메뉴인 '오지개 돈가스' 개발 과정도 흥미롭다. 어느 날 치즈를 검색하다가 샌드위치에 무지개 색깔

치즈가 들어간 모습이 눈에 띄었다. 가만히 보니 상당히 특이하고 예뻐서 돈가스 메뉴로 개발하면 좋을 것 같았다. 이번에도 수소문 끝에 평창에 있는 치즈업체와 협력해서 오색 빛깔 치즈를 개발했다. 색깔별 블록 형태로 만들고 식약처에서 허가한 천연 색소로 색깔을 냈다. 처음에는 시행착오를 겪고 실수도 많았으나 시간이 갈수록 안정화가 되었다.

오지개 돈가스의 디자인 특허 등록증

그렇게 신메뉴를 개발하고 '오지개 돈가스'로 명명했다. 그리고 변리사와 함께 디자인 특허를 출원했다. 레시피 특허는 재료만 바꾸면 되기 때문에 모방이 쉽다. 그래서 아예 디자인 특허를 취득하여 모방이 불가능하게 만든 것이다. 특허 전략은 주효했다. 오지개 돈가스는 다른 식당에서 따라 할 수 없는 메뉴가 되었고 오유미당의 강점으로 자리 잡았다.

자신만의 시그니처 메뉴가 있어야 한다

시그니처 메뉴를 개발한 또 다른 사례를 살펴보자. 코로나19로 식당들이 많이 어렵던 시기였다. 스타에델 송명재 대표도 힘든 시간을 보냈다. 그의 매장이 위치한 서울 가산디지털단지는 오피스 상권이었는데, 코로나19로 인해 손님들의 발길이 뚝 떨어졌다. 상황은 어려웠으나 언제까지 좌절만 할 순 없었다.

'한가해진 시간에 칼을 갈자.' 나는 송명재 대표에게 이참에 스타에델만의 시그니처 메뉴를 만들자고 제안했다. 시작은 우유가 들어간 치킨을 먹고 싶다는 송명재 대표 아들의 말 한마디였다. 여기서 아이디어를 얻어 개발에 들어갔다. 수십 번의 테스트를 거쳐 부드럽고 담백한 '순살 우유 치킨'을 만들었다. 특별한 레시피를 보호하기 위해 특허를 취득했다. 시간이 지나 코로나19 방역 조치가 해제된 후 우유 치킨은 입소문을 타면서 주문이 점점 늘었다. 얼마 지나지 않아 만화가이자 미식가로 유명한 허영만 선생이 직접 방문하여 방송 촬영을 하면서 폭발적

스타에델의 시그니처 메뉴인 순살 우유 치킨

대산보리밥을 대표하는 묵은지 청국장과 약고추장

인 반응으로 이어졌다.

청주에는 가게 문을 열자마자 줄 서는 맛집 대산보리밥이 있다.

대산보리밥 청국장 보리밥

대산보리밥에는 약고추장과 묵은지 청국장이 있다. 현대 도시에 사는 사람들은 보리밥 먹을 기회가 많지 않다. 그래서 어쩌면 보리밥 자체가 시그니처 메뉴일 수도 있다. 게다가 대산보리밥에는 다른 곳에서는 찾을 수 없는 특별함이 있다. 보통 보리밥집은 시판 고추장을 사용한다. 하지만 대산보리밥은 직접 개발한 약고추장을 쓴다. 대산보리밥 이문규 대표는 수백 번의 연구 끝에 보리 식혜를 첨가해 부드러우면서도 고급스러운 단맛을 내는 시그니처 고추장을 만들었다. 직접 만든 고추장으로 차별화에 성공한 것이다. 대용량 고추장을 볶는 일은 노동 강도가 엄청나다. 그만큼 공력을 쏟아서인지 이곳 고추장은 진짜 맛있다.

대산보리밥을 찾는 고객들 대부분이 된장 보리밥보다 청국장 보리밥을 선호한다. 여기 청국장은 부드럽고 냄새가 별로 안 난다. 특히 묵은지 청국장에 들어가는 김치는 묵은지 특유의 감칠맛과 함께 식감이 부드러워서 맛있게 잘 넘어간다. 대산보리밥은 저온 숙성한 김치에 마른 새우 가루를 더해 풍미를 살린다. 약고추장과 묵은지 청국장, 이 두 가지 음식이 대산보리밥을 다시 찾게 하는 대표 메뉴다.

지속적인 메뉴 개발은 자기만의 개성을 표현하는 방법이다

오유미당의 얘기를 좀 더 해보겠다. 오유미당을 오픈하면서 여름 메뉴를 고민하게 되었다. 주력 상품인 쌀국수가 따뜻한 음식이다 보니 여름날 시원함을 줄 메뉴가 필요했다. 처음에는 냉면을 생각했다. '여름엔 냉면이지' 했는데 주변에 냉면 파는 곳이 너무 많았다. 냉면 말고 어떤 메뉴를 하면 좋을까 고민 끝에 냉소바로 정했다.

냉소바에서 가장 중요한 건 뭐니 뭐니 해도 육수다. 최고의 맛을 내기 위해 직접 일본에서 간장을 들여와 공장에서 가공 과정을 거

여름 메뉴로 새롭게 개발한 냉소바

쳐 육수 원액을 만들었다. 면 또한 생면을 사용해 차별화했다. 결과적으로 대히트를 쳤다. 운도 따라서 오유미당 본점 근처에 소바를 제대로 하는 집이 없었다. 평소에는 쌀국수를 팔고 여름에는 냉소바를 팔았다. 이로써 고객들이 사계절 내내 오유미당을 찾을 이유를 만들었다.

오유미당은 아무래도 젊은 층이 주요 고객이다 보니 비교적 자주 신메뉴를 선보이고 있다. 오유미당의 쌀국수는 퓨전 쌀국수다. 예전만 해도 한국 사람들은 대체로 고수를 싫어했다. 나 또한 고수 특유의 냄새를 좋아하진 않는다. 나 같은 손님을 위해 한국인에 입맛에 맞는 쌀국수를 개발하고자 했다. 오유미당의 돈가스처럼 쌀국수도 차별화하고 싶었다.

수년 전 신메뉴를 개발하면서 사람들이 점심때 많이 찾는 음식이 무엇일까 생각했다. 나름대로 조사해보니 그중 하나가 짬뽕이었다. 이때부터 조리 실험에 매진해 짬뽕 소스에 순두부를 넣어 '순두부 짬뽕 쌀국수'를 만들었다. 이번에도 손님들의 반응이 바로 왔다. 흔한 음식처럼 보이는 순두부와 짬뽕을 쌀국수와 결합하니 히트 메뉴가 되었다.

오유미당의 신메뉴로 많은 사랑을 받는 순두부 짬뽕 쌀국수

    순두부 짬뽕 쌀국수는 양이 푸짐해서 음식이 나오면 손님 대부분이 와하는 감탄과 함께 사진을 찍는다. 음식은 모름지기 맛이 기본이다. 예쁘면 더욱 좋다. 보기 좋은 떡이 먹기도 좋다는 말도 있지 않은가. SNS가 보편화된 요즘 같은 시대에는 입뿐만 아니라 눈까지 즐거운 음식이 히트를 친다.

    개성 있고 차별적인 메뉴는 너무나도 중요하다. 다른 곳에는 없고 오직 내 가게에서만 맛볼 수 있는 시그니처 메뉴가 하나쯤은 있어야 한다.

'오유미당',
이름에 담은 마음 그대로

국내 외식업 시장은 한마디로 전쟁터다. 그 이유 중 하나는 전체 취업자 중 자영업자 비중이 너무 높기 때문이다. 양질의 일자리가 부족하다 보니 청년들과 은퇴자들이 자영업에 뛰어들고 있다.

그중에 식당 창업 비중이 상당하다. 그런데 식당의 5년 생존율은 20%가 채 안 된다. 음식점 10개 중에서 8개가 5년 안에 폐업한다는 뜻이다. 치열한 경쟁을 뚫고 살아남는 식당이 매우 적다는 것이다. 잘된다 싶으면 따라 하기 바쁘고, 꾸준히 영업하는 식당을 찾아보기 어렵다. 우리도 처음 오픈하고 입소문이 좀 나자 많은 식당이 모방했다. 상호와 메뉴 이름까지 따라 지은 경우도 있었다. 토마호크 돈가스도 유행이 되었고 이제 고깃집이나 온라인에서 판매하고 있다. 이처럼 외식업은 경쟁이 너무 치열해서 살아남기도 벅차다.

외식업계의 어벤져스 군단을 꿈꾼다

첫 식당으로 족발 배달점을 열었을 때 우리 지역에만 족발 배달집이 50여 개 있었다. 처음 1년 차에는 명절 때 영업을 하지 않았다. 다음 해에는 돈을 더 벌고 싶어서 명절날에 문을 열었다. 그런데 배달이 폭주하기 시작했다. 주문이 그렇게 많이 들어온 건 처음이었다. 무슨 일인가 싶어서 알아보니, 명절 때 문을 연 족발 배달점이 10개밖에 없었다. 주문이 얼마나 많았는지, 평소 하루 매출이 200~300만 원인데 이날은 500만 원에 달했다. 도저히 감당이 안 돼서 취소한 주문까지 포함하면 700만 원 이상이었다. 이때 경쟁자가 줄면 매출이 는다는 걸 깨달았다. 만약 그때 인근 족발집이 50개가 아닌 10개 정도였으면 나는 다른 식당을 열 생각조차 하지 않았을 것이다.

오유미당 본사 사무실이 청주 신도시에 있다. 이쪽 상권에는 별명이 있다. '고기 지구'. 문을 연 식당마다 고깃집이라고 해서 붙은 이름이다. 이곳도 처음 들어온 고깃집 몇 곳은 잘되었는데 지금은 경쟁자가 너무 많아지면서 매출이 상당히 줄었다.

일본은 100년, 200년 넘는 역사를 가진 식당이 많다. 그 이유 중 하나가 경쟁자가 적기 때문이다. 대를 이어 식당을 꾸려나가는 장인정신도 한몫했겠지만, 주변에 경쟁 식당이 적다 보니 매출이 어느 정도 유지된다. 그래서 폐업률이 낮다. 굳이 다른 업종으로 바꿀 이유가 없다. 그에 비해 우리나라는 인구 대비 식당이 많으니 기본적

외식업계의 어벤져스라는 꿈을 담은 용기있는사람들 로고

으로 경쟁이 치열할 수밖에 없다.

우리나라도 양질의 일자리를 늘리고 자영업자 비중을 줄이는 일이 시급하다는 생각이 든다. 하지만 이는 구조적인 문제이고 해결하려면 장기적인 대책이 필요하다. 당장 오늘 장사로 먹고살아야 하는 우리네 식당 사장들이 해결할 수도 없다. 나 역시 전쟁터 같은 시장에서 살아남기 위해 안간힘을 써야 했다.

사정이 이렇다 보니 그동안 '손님들 기억에 어떤 식당으로 남고 싶은가?'라는 질문에 진지하게 고민해보지 못했다. 먼저 나 자신에게 물어본다. '나는 어떤 미래를 꿈꾸고 있는가?'

사실 '오유미당'은 브랜드명일 뿐 회사 이름은 아니다. 본사 상호는 따로 있으니, 바로 '용기있는사람들'이다. 회사 이름치고는 특이하게 보일지도 모르겠지만, 바로 여기에 내가 꿈꾸는 미래가 함축되어 있다. 우리 회사, 즉 '용기있는사람들'은 외식업에서 성공 신화를 이루기 위해 도전하는 '용사' 공동체다. 우리는 분명 눈부신 성공 신화를 이뤄 외식업계의 어벤져스 군단이 될 것이다.

우리는 프랜차이즈 사업을 한다. 오유미당은 2019년 5월 청주 분

평동에 첫 가게를 오픈했다. 이후 1년 가까이 손님들이 줄을 서는 사례가 이어지자 여기저기서 가맹 문의가 쇄도했고, 처음 문을 연 지 정확히 1년 후 프랜차이즈 사업에 뛰어들었다. 1년 만에 40여 개 체인점을 성공적으로 오픈했다. 그야말로 급성장했다. 그렇다고 해서 이 과정이 물 흐르듯 순탄했던 건 아니다.

본격적으로 프랜차이즈를 시작하려고 했을 때는 조언을 구할 멘토가 없어 시행착오를 많이 겪었다. 장사를 하다 보니 시간 내기가 쉽진 않았지만 아무리 바빠도 일주일에 한 번은 꼭 외식업 교육에 참석했다. 서울을 오가며 교육, 인프라, 인력 등에 대해 여러 전문가를 수소문해 자문을 구했다. 오유미당 프랜차이즈의 A부터 Z까지 손수 작업했다. 그야말로 '맨땅에 헤딩'하는 경험이었기에 프랜차이즈 사업이 얼마나 어렵고 고된지 누구보다 잘 안다.

외식업에 처음 뛰어든 사람이 독자적인 식당이 아닌 프랜차이즈 가맹점을 선택하는 가장 큰 이유는 안정적인 수익 창출에 있다. 그런데 실상을 보면 급속하게 변화하는 프랜차이즈 시장에서 성공하기란 결코 쉽지 않다. 대부분 시행착오를 반복하다가 시장 안착 시기를 놓치고 실패의 쓴잔을 마신다. 탄탄하고 견고하게 성장해나가려면 경험, 전문성과 성과를 겸비한 프랜차이즈 본사와 함께해야 한다.

제대로 된 프랜차이즈라면 점주들이 오롯이 장사에만 집중할 수 있도록 든든한 지원과 체계적인 관리 그리고 선도적인 투자를 해야 한다. 오유미당을 예로 들면, 우리는 모든 가맹점을 대상으로 창업

초반에는 일주일에 한 번, 어느 정도 안정화된 뒤에는 한 달에 한 번 본사 슈퍼바이저가 가맹점을 방문하는 관리 시스템을 갖추고 있다. 코로나19로 인해 언택트 시대라는 초유의 환경에 직면했을 때는 시장 변화에 맞춰 배달 중심의 최적화된 운영 시스템을 한발 앞서 구축했다. 빠르게 배달 서비스를 도입한 덕분에 코로나19 사태 속에서도 전국 오유미당의 매출은 안정세를 이룰 수 있었다.

우리 용기있는사람들은 앞으로 외식 시장에 차별화된 브랜드를 출시할 계획이다. 물론 가맹점주의 성공을 위한 본사의 노력도 변함이 없을 것이다. 나의 지난 경험을 바탕으로 점주와 하나가 되는 회사를 경영 모토로 하면서, '가맹점의 성공이 곧 회사의 성공'이라는 프랜차이즈의 본질을 지키기 위해 최선을 다할 것이다.

'오유미당'이라는 이름에 마음을 담다

이번에는 조금 다른 질문을 던져본다. 오유미당은 어떤 식당이 되고 싶은가? 오유미당은 손님들에게 어떤 식당으로 기억에 남고 싶은가?

나는 음식이 좋아 맛집을 찾아다니다 결국 좋아하는 음식 만들기를 업으로 삼게 됐다. 그래서 식당을 운영하면서 맛집이라고 칭찬받으면 너무 기분이 좋다. 식당에 온 손님들이 우리 음식을 먹고 행복하면 더 바랄 게 없을 것 같다. 이런 내 마음을 식당 이름에 고스란

오유미당 로고에는 모든 고객에게 특별한 맛과 감동을 선사하겠다는 마음이 담겨 있다.

히 담았다.

　오유미당은 한자로 있을 유(有), 맛 미(味), 집 당(堂), 즉 '맛이 있는 집'이라는 뜻에 감탄사 '오'를 붙인 상호다. 풀어서 얘기하면 홍보 문구로만 존재하는 맛집이 아니라 진정한 맛이 있는 집, 부끄럽지 않은 맛집을 추구한다는 뜻이다. 외식업의 기본 중의 기본인 맛을 꼭 지키자는 의미를 새겼다. 여기에 놀람과 기쁨을 표현하는 감탄사 '오'를 더해 감탄할 정도로 맛있는 집이 되겠다는 다짐을 담았다. 감

손님이 다녀간 자리가 곧 음식 맛을 보여준다.

탄사 '오'에는 손님들께 항상 새로움을 드리도록 노력하겠다는 각오도 담겨 있다.

음식이 얼마나 맛있는지는 손님이 다녀간 자리를 보면 바로 알 수 있다. 더 무슨 말이 필요하겠는가.

우리가 추구하는 감탄사 '오!'는 화려하거나 대단한 게 아니다. 다른 곳에선 쉽게 맛볼 수 없는 메뉴와 음식의 구성, 신선한 식재료, 세련된 플레이팅, 여느 식당과 다른 아늑한 공간 분위기 등 이 모두가 감탄이 절로 나오게 하는 '자극'이 될 수 있다.

먼저 식재료를 살펴보자. 외식업은 무엇보다 맛이 경쟁력이다. 따라서 그 맛을 결정하는 식재료만큼은 해로운 것과 타협하지 않는다는 원칙을 지키고 있다. 제주산 돼지고기를 고집하는 것도, 베트남산 고급 쌀국수 면을 재료로 사용하는 것도 그런 이유다. 메뉴와 플레이팅은 또 어떤가. 여느 식당에서 흔히 보는 메뉴와 담음새로는 특색 있는 외식 장소가 될 수 없다. 나는 새로운 메뉴를 구상하기에 앞서 고기와 치즈, 양념장, 소금 등에 이르기까지 모든 요소를 분해하고 조합해본다. 그리고 사진으로 찍으면 어떻게 보일지 모두 계산한다.

가맹점은 이런 복잡한 과정을 거칠 필요는 없다. 고민은 본사의 몫이다. 우리는 각 매장에서 동일한 맛을 낼 수 있는 시스템을 확보하고 냉장·숙성·연육·커팅을 거친 제주산 돼지고기를 공급하고 있다. 점주는 빵가루를 묻혀 튀기기만 하면 된다. 쌀국수의 육수도 완제품으로 유통하기 때문에 간단한 시스템만 숙지하면 누구나 손쉽

손님들이 SNS에 올린 오유미당 후기

게 조리할 수 있다.

　이러한 노력은 고객의 평가, 특히 긍정적인 리뷰로 드러난다. 마음을 사로잡는 자극이라면 고객들이 먼저 알아보기 마련이다. 한마디로 인증 샷을 부르는 비주얼과 맛을 구현하면 고객이 스스로 사진 찍고 SNS에 올리고 홍보해준다.

　사람들은 맛있는 음식을 먹으면 자연스레 부모님 모시고 와야지, 아내랑 와야지. 애들 데리고 와야지, 친구랑 같이 먹어야지 한다. 인지상정이다. 오유미당은 사랑하는 사람과 맛있는 음식을 편안하게 즐기는 식당이 되고 싶다. 그래서 우리 슬로건도 '사랑하는 사람이 생각나는 오늘, 너와 나'로 정했다. 오늘 사랑하는 이와 오유미당에서 함께하는 모습을 그리면서 말이다. 오유미당 인테리어도 여기에 맞췄다. 브랜드 로고와 심볼의 둥글고 친근한 느낌을 모티브로 부드

편안하고 밝은 분위기로 꾸민 오유미당 외부와 내부 모습

럽고 편안한 분위기를 연출했다. 전체적으로 깨끗한 느낌이다. 흰색과 베이지색 밝은 톤을 바탕으로 자연적인 원목 소재 그대로의 느낌을 살린 덕분이다. 오유미당을 방문한 손님이 편안하고 행복한 분위기 속에서 맛있게 식사를 하고, 지인에게 소개하고 싶은 마음이 드는 식당이 되었으면 한다.

나는 오유미당이 반짝하고 잠시 인기를 끄는 식당이 아닌 오래가는 식당이 되게끔 운영하고 싶다. 지인들은 청주 맛집을 찾을 때면 모두 내게 물어본다. 내가 추천한 식당은 실패하는 법이 없어 무조건 내 말을 따르는 사람들도 적지 않다. 우리 오유미당도 누군가가 자신 있게 추천할 수 있는 식당이 되고 싶다. 그렇게 10년, 20년, 30년 꾸준히 사랑받는 식당이 되기를 꿈꾼다.

2장

시나피,
몸과 마음을 살리는 빵집

베이커리의 퍼스트 펭귄
- 박상욱 대표

본질,
뿌리가 깊으면 쓰러지지 않는다

외식업을 한다는 건 종합예술 무대를 기획하는 것과 같다. 다채로운 요소를 유기적으로 결합하고 조화롭게 연계해서 고객들의 필요와 욕구를 충족시켜야 한다. 정말 잘 만들어진 영화나 연극을 떠올려보자. 탄탄한 스토리, 잘 훈련된 배우들, 특별한 경험을 선사하는 무대 장치, 훌륭한 연출가 등 다양한 요소들이 한데 어우러져 한 편의 완성도 높은 작품이 되었을 때 관람객들은 열광하게 된다.

나는 외식업도 이와 같다고 생각한다. 고객의 기억 속에 자리하는 탄탄한 스토리텔링, 손님이 불편하거나 필요한 것은 없는지 늘 배려하는 마음으로 일하는 잘 훈련된 직원들, 콘셉트 있는 공간과 물 흐르듯 잘 배치된 동선, 무엇보다 곳곳에 담긴 사장의 철학 등이 잘 어우러진 식당이 사랑받는다.

업의 본질은 식당의 뿌리

식당과 같은 외식업은 다른 자영업과 달리 다방면으로 고객을 만족시켜야 한다. 훌륭한 연극 한 편을 만들려면 먼저 대본이 탄탄해야 하고, 좋은 배우를 섭외해야 하며, 아름다운 무대를 설치해줄 사람을 만나야 한다. 이들 각 요소가 비교 우위를 만든다. 그래야 경쟁에서 승리할 기반이 생긴다. 다양한 외식업 성공 요인 중 나는 특히 '철학'을 꼽고 싶다.

본질에 충실한 철학이 가장 중요하다. 흔히들 식당이 잘되려면 음식 맛이 좋아야 한다고 한다. 맞는 말이다. 그러나 그것만으로는 부족하다. 무릇 사장은 '왜? 나는 식당을 하는가?'와 같은 본질적인 질문에 확실한 답을 가지고 있어야 한다. 다시 말해 자기가 하는 일의 본질을 정확히 알고 있어야 한다는 뜻이다. 경영주의 가슴에 심은 '업의 철학'이 바로 그 식당의 뿌리이기 때문이다. 뿌리가 단단하지 않으면 오래가지 못한다.

나무의 뿌리는 겉에서는 보이지 않는다. 땅을 파보기 전까지는 그 자리에 있는 줄도 모른다. 한 나무의 생명을 좌우하는 게 바로 그 뿌리다. 뿌리가 튼튼하면 거친 바람에 흔들릴지언정 뽑히지 않는다. 뜻밖에 찾아온 가뭄이나 악천후를 견디는 힘이 된다. 튼튼한 뿌리 위에 건실한 줄기가 자라고 무성한 잎과 풍성한 열매, 그리고 아름다운 꽃이 생긴다. 외식업도 이와 같다. 명확하고 탄탄한 사장의 철학 위에서 식당은 성장한다. 훌륭한 상품과 서비스가 줄기처럼 자라나 고객이라는 꽃을 피우고 매출이라는 열매를 주렁주렁 맺을 수 있다.

그렇다면 업의 본질을 어떻게 찾을 수 있을까? 그 답은 아이러니하게도 스스로 던지는 질문에 있다. 나 또한 '시나피'라는 조금은 특이한 이름의 베이커리 카페를 10년 넘게 운영하면서 끊임없이 자문해왔다. '나는 왜 통밀빵을 만들고 있는가?' '왜 다들 힘들다는 건강빵 시장에 뛰어들어 고군분투하고 있는가?'

8~9년 전만 해도 통밀빵, 비건빵이라는 단어 자체가 생소했다. 게다가 당시 나는 그 빵들을 온라인으로 판매하고자 했다. 홍보가 부족했다. 소비자들에게 생소한 제품을 알리는 것과 함께 '동네에서 쉽게 구할 수 있는 빵을 인터넷으로 산다고?' 같은 고정관념과도 싸워야 했다. 그래도 한편으로는 시중에서 쉽게 구하기 어려운 특별한 빵이라면 통하지 않을까? 하는 생각을 가지고 있었다. '나는 왜 통밀빵을 만들고 있는가?'라는 질문을 계속 가슴에 품고, 보다 차별화

시나피를 대표하는 울아빠빵(왼쪽)과 언니빵(오른쪽)

되고 특별한 빵을 만들고자 연구를 거듭했다. 그렇게 만들어진 빵이, 조금 뒤에 소개할 100% 국산 통밀로 만든 '울아빠빵'과 '언니빵'이다. 이들 시나피를 대표하는 제품은 모두 '업의 본질'을 찾아가는 과정에서 나온 결과물이다.

누구를 위한 차별화인가?

팬이 없는 스포츠 경기는 무의미하다. 마찬가지로 관람객 없는 연극이 무슨 소용이겠는가? 식당도 매한가지다. 손님 없는 식당은 식당으로서 존재 이유를 물을 수밖에 없다. 한동안 우리 사회를 휩쓴 코로나 팬데믹은 이를 제대로 각인시켜주었다. 코로나19는 외식업에 엄청난 충격을 주었다. 많은 식당이 문을 닫았고, 그보다 많은 식당이 경영에 어려움을 겪었다. 고통은 지금도 계속되고 있다. 이런 상황에서도 잘되는 식당은 있다. 사람들은 특별한 식당을 찾았고, 값이 제법 비싸도 지갑을 열었으며, 만족한 고객들은 스스로 팬을 자처하며 입소문을 내주었다.

코로나19 시기에 잘되는 식당과 평범한 식당의 격차는 극적으로 벌어졌다. 그 이유는 무엇일까? 어려운 상황 속에서도 승승장구한 식당들은 저마다 확실한 색깔을 가지고 있었다. 이러한 현상은 계속되고 있다. 앞으로 고객에게 확실한 품질과 차별점을 제공하지 못하는 식당은 갈수록 어려워질 것이다. 반대로 고객들에게 높은 가성비와 가심비, 차별화로 인식되는 브랜드는 계속 성장할 것이다.

외식인들도 이 점을 잘 알고 있다. 그래서 모두가 목청 높여 차별화를 외친다. '나음보다 다름'을 고민하며 지금 이 시각에도 애쓰고 있다. 하지만 왜 달라야 하는지, 누구를 위해 달라야 하는지를 깊이 고민하는 사람은 드물다. '차별화'를 고민할 때 명심해야 할 것이 있으니 바로 '자기다움'이다. 차별화를 위한 차별화는 의미도 힘도 없다. 잘되는 브랜드나 경쟁자를 흉내 내는 데 급급하다가 거품처럼 사라져버린 경우가 부지기수다.

많은 이가 전국의 내로라하는 맛집을 벤치마킹하고는 강점을 찾아내 자기 식당에 접목시키고 싶어 한다. 이렇게 하면 분명 잘될 것 같지만 실제로 성공하는 케이스는 극히 드물다. 왜일까? 식당의 뿌리, 즉 철학이 없기 때문이다. 뿌리가 약한 나무가 쉬이 쓰러지듯 이런 식당들은 처음에는 그럴싸해 보이다가 얼마 지나지 않아 빈껍데기만 남게 된다. 손님들이 부실한 실체를 알아버렸기 때문이다.

지금이라도 내 업의 본질과 차별화를 고민해야 한다. 즉 '우리는 누구를 위하여 무엇이 달라져야 하는가?'에 대한 답을 진지하게 탐구해야 한다. 이는 당장 답을 낼 수 없다고 해도 장기적인 관점에서 식당 운영에 매우 중요한 요소다.

나는 시나피 업의 본질을 '고객 만족 실현'에 두고 있다. 이러한 바탕 위에 제품과 서비스 개발에 나서고 있다. 빵을 먹으면 속이 불편한 고객들의 불편 사항을 해소하고 혈당 조절을 도와주는 통밀빵이 대표적이다. 쉽게 구하기 어려웠던 통밀 비건빵을 개발했으며 온

밀밭에 앉아 있는 박상욱 대표

라인 쇼핑 시스템을 구축해 100% 통밀빵을 필요로 하는 전국 각지 고객들에게 판매했다. 이 밖에도 고객들이 최상의 상태로 빵을 받아 볼 수 있도록 다양한 서비스를 제공하고 있다.

페르소나, 업의 본질과 차별화를 정립하는 방법

외식업은 메뉴, 입지, 인테리어, 서비스, 가격, 디자인, 마케팅, 직원 관리 등 다양한 요인들이 복합적으로 작용한다. 어느 것 하나 빼놓을 수 없겠지만, 무엇보다 고객의 중요성을 잊어서는 안 된다.

업의 본질을 파악하는 가장 좋은 방법은 고객을 대표하는 페르소나를 구체적으로 그려보는 것이다. 다시 말해 특정 손님을 한번 설정해보라는 뜻이다. 그런 다음 고객의 불편을 해소하고 욕구를 충족시켜주는 방향을 고민한다. 이때의 페르소나는 꼭 하나일 이유는 없고 여럿이어도 좋다.

페르소나에 대해서는 뒤에서도 다루겠지만, 일단 여기서는 시나피를 예로 들어보자. 시나피를 상징하는 통밀빵의 본질에 관한 고민은 흔한 일상의 한 장면에서 해답을 얻었다. 어느 한적한 오후 내 아버지가 시나피 문을 열고 들어오셨다. 오늘은 무슨 빵이 있나 구경하는 모습에 '아! 입이 심심하시구나' 싶어서 "출출하세요?" 하며 드실 만한 빵을 찾았다. 그러나 당뇨가 심한 아버지께 드릴 적절한 빵이 없었다. 그때 불현듯 생각이 떠올랐다. '우리 아버지처럼 빵을 먹고 싶어 하는 당뇨인들이 전국에 많이 있겠구나. 그들을 위한 빵을 만들어보자.' 이 일을 계기로 개발한 제품이 100% 국산 통밀로 만든 '울아빠빵'이다. 통밀은 호밀과 더불어 당뇨환자들이 먹을 수 있는 몇 안 되는 탄수화물이다.

"당뇨 때문에 아무 빵이나 드실 수 없는 아버지를 위해 건강빵 찾다가 없어서 아들이 직접 만든 빵" 어떤가! 이만하면 특별하고 차별적이지 않은가! 그러니 울아빠빵의 가장 중요한 페르소나는 다름 아닌 우리 아버지다. 이 페르소나를 통해 시나피가 왜 통밀빵을 만드는지, 100% 통밀빵이 얼마나 특별한지가 너무나 선명해졌다. 당연히 울아빠빵의 주요 고객은 혈당 조절에 어려움을 겪고 있는 40~50대 가장들이며, 울아빠빵은 혈당 걱정 없이 마음껏 먹을 수 있는 빵이다. 이처럼 페르소나를 통해 본질을 고민하다 보면 차별성의 실마리를 발견할 수 있다.

본인의 업이 누구(who)를 지향하는지가 명확해지면 덩달아 업의 본질도 선명해진다. 다른 예로 청주의 으뜸 맛집인 대산보리밥은 '청주에서 엄마가 제일 행복한' 식당을 표방한다. 이 한 줄에 대산보리밥의 본질과 철학이 함축되어 있다. 대표 고객에 대한 깊이 있는 고민이 묻어나는 대목이다.

요즘 울아빠빵보다 더 큰 인기를 모으고 있는 종목이 있으니 바로 '언니빵'이다. 우리나라 식생활이 서구화되면서 다이어트에 관심이 많아졌다. 한 번쯤 안 해본 사람이 없을 정도다. 보통 남자보다 여자가 다이어트를 더 잘할 것 같지만 내가 보고 들은 바로는 여성들이 더 힘들면 힘들었지 쉽지는 않다. 다이어트하면서 몸이 상하는 여성들도 적지 않게 목격했다. 언니빵은 다이어트를 여러 번 시도했다 실패한 20대 후반의 직장 여성을 페르소나로 잡았다.

이 여성은 끼니를 거르는 게 일상이 되었다. 특히 아침을 꼭 먹어야 건강은 물론이고 다이어트에 도움이 된다는 걸 알면서도 실천이 어렵다. 지친 몸과 바닥난 체력으로 인해 아침을 준비해서 먹는 일은 그림의 떡이다. 사정이 이렇다 보니 출근 후 마시는 아메리카노 한 잔이 유일한 위안인데, 빈속에 마시는 커피가 좋을 리 없다. 점심은 또 어떤가. 유일하게 마음껏 먹을 수 있는 시간인데, 다이어트를 위해 준비한 메뉴라 식욕을 채워주지 못한다. 매일 반복되는 식단에 흥이 나지 않는다. 샐러드를 정기 구독해서 먹어보지만 물리기는 매한가지다. 그렇게 하루 일과를 마치고 퇴근하면 힘이 쭉 빠진다. 마음껏 먹을 수 없다는 사실이 스트레스로 다가온다. 빈약하고 불규칙한 식사에 요즘은 변비에 시달리고 있다. 언제까지 이래야 할지 기약 없는 다이어트에 심신이 나날이 지쳐간다.

시나피의 언니빵은 100% 국내산 통밀로 만든다. 통밀 자체로도 배변 활동에 좋은데 여기에 변비에 좋은 차전자피(질경이 씨앗 껍질)를 더했다. 스테비아로 단맛을 내고, 표고버섯으로 감칠맛을 보탰다. 다이어트로 식단에 언니빵을 살짝 끼워 넣어보면 어떨까. 아침에 일어나 냉동고에서 언니빵 두 조각을 꺼내 토스터에 놓고 버튼을 누른다. 씻고 나와 적당히 식은 빵에 잼을 발라 먹으면 아침이 든든하다. 퇴근하고 나서 만사가 귀찮을 때 냉동고에서 꺼낸 언니빵으로 샌드위치를 만들면 간편하고 건강한 저녁 식사를 할 수 있다.

"깐깐하게 다이어트하는 우리 언니들을 위한 빵!"

"아침을 거르지 마세요. 배불리 먹어도 죄의식이 들지 않는 빵!"

건강과 다이어트 두 마리 토끼를 잡는 음식, 바로 시나피의 언니빵이다.

기본에 관한 고민과 연

20대 후반의 직장 여성을 페르소나로 잡고 개발한 언니빵

당일 만든 빵과 샌드위치를 자동판매기에 진열하여 고객의 불편을 해소했다. 영업 시간 후에는 자동판매기를 통해 당일 만든 빵과 샌드위치를 구매할 수 있다.

구를 계속해야 한다. 시장은 급변하고, 사람들 마음은 끊임없이 변화하고 움직인다. 그럴수록 중심을 잡아야 한다. 아직까지 업의 본질을 정립하지 못했다면 바로 여기서 시작해야 한다. 본질을 파악하고 기본을 세웠다면 그 다음은 변화다. 계속해서 보완하고 개선해나가야 한다.

고객 관점에서 생각하기

시나피의 예를 하나만 더 들어보겠다. 카페에서 흔하게 볼 수 있는 아이템 중에 샌드위치가 있다. 식빵 하나로 다양한 제품군을 만들수 있고, 비교적 전문 지식이 필요하지 않은 아이템이다. 여러 가지 고려할 요소들이 있지만 잘하면 꽤 쏠쏠한 매출을 올릴 수 있다. 다만 진입 장벽이 낮아서 경쟁이 치열하다. 메인 아이템으로 가져가기는 쉽지 않다. 하지만 이때도 샌드위치의 본질을 정확하게 파악하면 차별화된 효자 상품을 만들 수 있다.

우리는 흔히 자기중심으로 생각한다. 지금 내 입장에서 목표 매출을 정하고 차별점을 찾고 시장에 진입하려는 경향이 있다. 물론 틀린 접근은 아니지만 더 효과적인 방식이 있다. 바로 고객 중심으로 생각하는 것이다. 먼저 우리 샌드위치를 찾는 고객들을 다양한 관점에서 관찰하고 분석해보자. 그러면서 고객의 욕구와 필요를 연구하고 이를 어떻게 공략할지 방법을 찾아보자. 판매자 입장에서 접근하는 방식과 크게 다르지 않아 보이지만, 결과는 그렇지 않다. 이를테면 평소 생각지도 못했던 시장을 발견하게 될 수도 있다.

멀리서 찾을 것도 없이 시나피 샌드위치가 바로 그런 사례다. 시나피 샌드위치는 출시 이후 4년 동안 누적 판매 10만 개를 돌파한 히트 상품인데, 처음부터 잘 팔렸던 건 아니었다. 기대는 컸다. 세계 최초로 묵은 김치 천연 발효종을 배양해서 만든 건강한 식빵으로 만들었기 때문이다. 여기에 신선한 채소와 맛있는 소스를 곁들였다. 품질과 맛에 자신이 있었기에 SNS 등을 통해 열심히 홍보했으나 기대만큼 매출이 나오지 않았다.

그러다 우연한 기회에 돌파구를 찾았다. 어느 날 시나피를 자주 찾는 여성 손님과 대화를 나누게 되었다. 그 손님은 정기적으로 새벽 모임을 진행하고 있는데, 매번 먹을거리를 준비하느라 수고가 이만저만이 아니라며 하소연하는 게 아닌가. 처음에는 단골손님의 고충을 어떻게 해결해줄 수 있을까 생각하다가, 그러고 보니 비슷한 고민을 하는 이들이 꽤 있겠구나 싶었다. 자연스레 이 손님을 페르소나로 잡게 되었고, '누구를 위한 샌드위치인가?'라는 질문에 집중했다. 곧 선명한 답을 찾았다. 시나피 샌드위치의 본질을 다시 정립

사업 설계 및 아이템 설정

Question	내용 정리
비즈니스 아이템은 무엇인가?	샌드위치 + 커피 + 디저트 아침 배송 케이터링
왜 그것을 선택했는가?	이른 아침에 배송해 주는 업체가 드물며 판매자가 꺼리는 일
핵심 고객은 누구인가?	단체, 학교, 연구소, 기업체 총무과 및 행사 담당 직원
왜 그들이 핵심고객인가?	조찬 모임을 빈번하게 준비해야 함
핵심경쟁력은 무엇인가? 그것은 실제로 유용한가?	아침(원하는 시간) 배송, 쉬운 접근(온라인, 전화, 방문), 쉬운 결제(쇼핑몰 모바일 결제 가능)
어떤 트렌드를 접목하는가?	모바일 트렌드 (2~30대는 전화보다 온라인 소통과 주문 선호)

시나피 샌드위치 본질 찾기 Map

브랜드 명	굿모닝 단체 배송	고객 정의	핵심고객: 각종 기관 및 단체, 행사 준비 및 총무과 직원	
브랜드 철학	쉽게, 편리하게, 고퀄리티		확장고객: 기업 및 단체의 답례품 고객	
사업목표	정량적 목표: 1년 내에 연 5억 매출 달성 정성적 목표: 조찬모임의 대명사로 발돋움	품질 수준	상······중······하	
		가격 수준	상······중······하	
로고 / 이미지		기능적 혜택	1. 새벽 6시부터 배송 2. 홈페이지에서 보고 경험하고 결제까지 3. 지속적인 신제품과 이벤트	
컬러	절제된 정갈함 블랙	경험적 혜택	1. 쉽게 접근하고 2. 편리하게 결제 3. 와~ 이 가격으로?! 4. 여기 간편하고 청소도 간편	
브랜드 속성	1. 조찬 모임에 최적화 2. 케이터링 서비스, 다양한 샌드위치 3. 시간 준수, 친환경 포장	상징적 혜택	1. 언제나 믿고 찾는 시나피 2. 튀는 답례품 3. 환경 보호	
슬로건	아침모임 걱정하지 마세요	브랜드 키워드	1. 아침 샌드위치 2. 가성비 좋은 케이터링 3. 적시(on time) 배달	
브랜드 메시지	약속 : 이른 조찬 모임 준비 걱정하지 마세요 근거 : 쉽고 편리한 굿모닝 단체배송	브랜드 설명문	매달 있는 조찬모임 준비 스트레스가 한방에 해결되었다!	
벤치마킹 브랜드				

시나피 샌드위치의 본질을 찾기 위해 작성한 자료들

하고 샌드위치 배달 사업을 디자인하기 위한 작업에 들어갔다. 새로 도전하는 아이템인 만큼 만만치 않은 일이었다. 막막하고 의욕만큼 속도가 나지 않았지만 고민을 거듭하며 차근차근 해나갔다. 지면의 제약으로 여기서 상세히 밝힐 수는 없지만, 이때 어떤 작업을 어떻게 준비했는지 위의 표만 봐도 어림짐작할 수 있으리라 생각한다.

샌드위치 케이터링(cater-ing, 각종 행사나 모임에 음식을 제공하는 일) 사업의 밑그림을 완성하고 나서 크고 작은 모임에 적합한 샌드위치 세트를 개발했다. 앞서 철저한 기획 작업을 통해 사업과 아이템의 본질을 분명하게 정립해두었기에 이후 과정은 일사천리로 진행할 수 있었다. 샌드위치의 맛과 품질은 이미 검증되었고, 모임 성격에 맞게 포장과 메뉴 구성만 조정하면 되었기에 상품 개발에도 시간이 오래 걸리지 않았다. 애초의 기획 의도처럼 먹기 편하고 뒷정리도 간편하며 속까지 편한 건강 샌드

철저한 기획을 통해 탄생한 시나피의 샌드위치 케이터링 사업

시나피 샌드위치의 본질을 시각화한 배달 차량.

위치라는 점이 입증되면서 금세 입소문이 났다. 오늘날 시나피 매출의 한 축을 담당하고 있는 샌드위치 케이터링 사업은 이렇게 시작되었다.

외식인이라면 고객들에게 내 매장을 찾을 분명한 이유를 제시해

야 한다. 값이 싸거나, 독특한 메뉴가 있거나, 접근성이 좋거나, 서비스가 특별하거나. 그런데 요즘엔 이런 것들조차 흔해져서 차별화하기 어렵다. 고객의 마음을 사로잡으려면 먼저 고객의 욕구를 파악해야 한다. 그래서 나는 지금도 고객의 관점에서 스스로 많은 질문을 던진다. '왜 고객들은 시나피 통밀빵을 선택할까?' '왜 그들은 시간과 노력을 쏟아 장문의 리뷰를 남기는 걸까?' '손님들 인식 속에 시나피는 어떻게 자리하고 있을까?'

외식 경영이란 무엇인가? 여기에 대한 내 대답은 이렇다. 이 글의 도입부에서 언급한 종합예술 역시 '누구를 위한 작품인가?'라는 본질적 질문 위에 서 있다. 차별화된 공연을 하려면 자기만의 해답을 찾아야 한다. 외식업도 마찬가지다. 우리 매장을 찾는 고객들을 위하여 어떤 서비스를 어떻게 제공할 것인가 하는 본질적인 고민이 필요하다. 이를 실제로 구현해나가는 과정이 곧 외식 경영, 즉 '식당을 한다는 것'이다.

사업을 하다 보면 외부 환경 때문이든 내부적 요인에 의해서든 오르내리기를 반복하게 된다. 그럴수록 본질을 생각해야 한다. 사장이 본인의 업과 대표 상품의 본질을 정확히 파악하고 있으면 환경이 어떻게 변하든 쉽게 흔들리지 않는다. 내부적으로 어떤 문제에 부딪히더라도 해결해낼 수 있다.

온라인 비즈니스,
무궁무진한 가능성의 바다

시나피는 온라인 비즈니스에 최적화된 빵집이다. 모든 제품은 기획 단계에서부터 완성 단계까지 온라인 판매를 염두에 둔다. 최종적으로 개발을 완료한 제품은 자체 홈페이지와 네이버와 쿠팡 같은 오픈마켓을 통해 고객들과 만나게 된다.

우리는 매일 다양한 종류의 빵을 수백 개씩 굽는다. 이들 빵은 여러 과정을 거쳐 완성되고, 고객의 요청에 따라 커팅한 후 개별 포장해서 박스에 담는다. 포장을 마친 빵 상자들이 택배 트럭을 타고 유유히 사라지면 하루 일과를 마무리하고 내일을 준비하기 위해 다시 분주해진다.

변화를 두려워하지 않아야 기회가 찾아온다

코로나 시국을 겪으면서 빵을 온라인에서 구매하는 광경이 낯설지 않게 되었다. 그런데 그전만 해도 빵 같은 식품을 온라인으로 구매하는 일이 드물었다. 필요한 물건이 있으면 대형마트에 가서 사 오는 게 일상적이었다. 지금은 아침에 현관문마다 밤사이 도착한 식품 택배가 쌓여 있는 모습을 심심치 않게 볼 수 있다.

사실 빵은 굳이 온라인이 아니더라도 가까운 제과점과 배달업체를 통해 편하게 살 수 있다. 대중적인 빵이 그렇다는 이야기다. 아무 빵이나 먹을 수 없는 고객들 사정은 다르다. 이들 중에는 큰맘 먹고 먼 곳을 찾아가야 하는 경우가 적지 않다. 겉으로 보기에는 먹거리가 넘쳐나고 사람들은 음식 문제에서 결핍이 없어 보이지만 자세히 들여다보면 그렇지 않다. 빵 하나 먹으려고 해도 큰 불편함을 감수해야 하는 이들이 분명히 존재한다. 나는 여기서 새로운 틈새시장을 찾았다.

다시 말해 나는 특정한 사람들이 먹을 수 있는 빵에 주목했다. 혈당 관리에 유의해야 하는 당뇨인들이 편하게 먹을 수 있는 빵, 다이어트로 식단 관리에 어려움을 겪는 이들이 칼로리 걱정 없이 먹을 수 있는 빵 그리고 바쁜 아침에 식사할 시간이 부족한 직장인과 학생을 위한 오픈 샌드위치 모양의 빵 등. 시나피는 이런 사람들을 위한 특별한 빵을 만들어 온라인에서 판매하고 있다. 지금은 당뇨인과 암 환자들이 먹을 수 있는 빵으로 소문이 나서 전국에서 주문이 들

시나피에서는 매일 전국 각지에서 들어온 온라인 주문을 처리하고 있다.

어오는 빵집이 되었다.

온라인 식품 판매는 공산품보다 훨씬 까다롭다. 이를테면 온라인에 주력하는 시나피의 모든 빵은 포장이 용이해야 하고, 한여름에도 상하지 않게끔 하는 등 배송 리스크에 신경 써야 한다. 또한 주문 접수 후 바로 생산이 가능해야 한다. 빵을 받은 고객 입장에서도 보관이 쉬워야 하고, 오랫동안 최상의 상태를 유지할 수 있어야 한다.

이뿐이 아니다. 더 본질적이고 중요한 문제가 남아 있다. 우리의 온라인 판매 방식은 팔릴 만한 제품을 공급받아 유통하는 업체와는 다르다. 직접 식품을 생산해서 판매하기 때문에 인력 수급과 장비 확보, 그리고 필요한 공간까지 고려할 점이 한둘이 아니다. 그만큼 다면적인 사고와 입체적인 전략이 필요하기에 녹록지 않은 일임이 분명하다. 자금 문제도 있다. 처음부터 충분히 투자해서 여유 있게 준비한다면 좋겠지만, 이는 하루하루 시간과 자금을 아끼고 쪼개어 사용해야 하는 생계형 소상공인들에게 꿈같은 이야기에 가깝다. 대부분은 어렵게 모은 종잣돈으로 온라인 사업에 뛰어드는 현실이다. 나 또한 다르지 않았다.

그럼에도 온라인 식품 시장의 가능성은 여전히 무궁무진하다. 지금 이 순간에도 소비 트렌드는 계속해서 변하고 있다. 하나만 예를 들어보자. 요즘에는 온라인 쇼핑 시장에서도 고령화가 빠르게 진행되고 있다. 예전에는 자녀들이 부모님에게 선물하려고 샀다면 요즘은 노인 고객들이 직접 온라인으로 주문하는 경우가 많아지고 있다. 나는 이런 변화에 주목하고 있으며, 여기에 부합하는 제품과 서비스를 구상하고 있다. 온라인 비즈니스에서 변화는 곧 기회이고, 변화를 준비하는 자에게만 기회를 잡을 수 있는 특권이 주어진다.

고객들은 원하는 상품을 편리하게 구매하고자 한다. 더 새롭고 유용한 제품을 더 싸게, 더 빠르게 구입하기를 원한다. 이러한 욕구를 충족시킬 수 있다면 우리 소상공인에게도 기회는 있다. 그만큼 온라인에는 공략할 만한 틈새가 많다. 고객의 필요와 결핍이 곳곳에 숨어 있다는 말이다. 오프라인과 달리 온라인에서는 작은 시장을 찾기가 훨씬 용이해서 잘만 준비하면 적은 비용으로 큰 수익을 얻을 수 있다.

온라인 쇼핑몰을 하며 배운 것들

여기까지 읽은 독자라면 눈치챘겠지만 나의 필살기는 온라인 비즈니스다. 그렇다고 해서 내가 처음부터 인터넷 환경에 익숙했던 사람은 아니다.

결혼하고 생계를 해결해야 했기에 밤을 새워가며 쇼핑몰을 구축했다. 남들 눈에 별거 아닌 온라인 비즈니스가 숙명처럼 느껴졌다. 그때만 해도 인터넷 쇼핑몰에 관해 배울 곳이 별로 없었는데 지방에서는 특히나 쉽지 않았다. 발품 팔아 배우러 다니는 수밖에 없었던 나는 쇼핑몰 솔루션 제작 회사에 찾아가 졸랐다. 30분 속성으로 실전 포토샵을 배웠고, 조명 회사에서는 사진 찍는 방법을 물어가며 배웠다. 지금이야 성능 좋은 스마트폰으로 누구나 사진을 잘 찍을 수 있지만, 그때만 해도 사정이 여의치 않았다. 소위 '똑딱이'라고 부르는 콤팩트 카메라로 일일이 제품 사진을 찍어가며 쇼핑몰을 꾸몄다. 사진뿐이겠는가. 일러스트레이터, HTML 코딩도 지금은 쉽게 배우고 관련 정보를 얻을 수 있지만 당시 나는 참 어렵게 배웠다. 관련 책을 사다가 홀로 하나씩 익혀야 했다.

어둠이 있으면 빛도 있는 법. 온라인 비즈니스에 필요한 것들을 처음부터 끝까지 손수 감당하다 보니 경쟁업체 분석에서 아이템 개발 및 개선에 이르기까지, 여러 필요한 능력들도 자연스럽게 체득했다. 기본적인 HTML 코딩, 동영상 제작 툴(키네마스터, 파이널 컷) 등을 직접 다룰 수 있는 역량을 확보했다. 덕분에 지금도 나만의 콘텐츠를 적극적으로 생산해내고 있다.

돌아보면 우리나라 온라인 시장이 막 걸음마를 시작했을 때였다. 2000년대 초반, 국내에서는 지마켓이 오픈마켓 시장을 주름잡고 있었다. 미국은 아마존이 도서 판매 사이트를 넘어 확장하고 있었지만 당시 절대강자였던 이베이를 위협할 정도는 아니었던 시절이다. 꽤나 오래전 이야기이다. 국내에 진출한 이베이가 오픈마켓 플랫폼 1, 2위를 집어삼키며 온라인 마켓을 장악하기 시작할 때 나는 이미 온라인 쇼핑몰에서 물품을 판매하고 있었다. 자체 쇼핑몰을 제법 오랫동안 운영했고 옥션, 11번가 등 오픈마켓과 이베이에 입점해 다양한 물품들을 판매했다. 언젠가는 우리나라에 잘 알려지지 않은 스포츠 브랜드 제품을 판매하다가 그때 돈으로 약 5억 3,000만 원 상당의 상표권 소송에 휘말렸던 적도 있다. 결과적으로는 잘 해결되었지만 지금 생각해도 정말 아찔했던 경험이다.

우리나라에서 직구가 거의 없던 시절, 해외 쇼핑몰 솔루션을 직접 구매해 최적화된 영문 쇼핑몰을 만들어 다양한 물품들을 해외에 수출하기도 했다. 한번은 우리 전통 한지를 판매했는데, 'Korean hanji paper'라는 키워드를 구글 첫 페이지에 1등으로 올려놓는 기염을 토하기도 했다. 세부 키워드이긴 하지만 한 달에 수천 명에서 수만 명이 검색하다 보니 많은 사람이 우리 쇼핑몰을 찾아오곤 했다. 덕분에 중국과 홍콩에 한지를 수출하기도 했으니 지금 생각해도 참 신기하고 놀라운 일이다.

이처럼 나는 다양한 온라인 비즈니스 경력을 가지고 있다. 아마 빵집 사장 중에서는 몇 안 되는 사람 중의 하나일 것이다. 오프라인 빵집을 하면서도 항상 온라인 판매를 염두에 두고 제품을 개발한다. 그러면서 온라인 시장을 관찰하고 분석하는 눈도 자연스레 발전해왔다. 같은 제품일지라도 온라인 시장에서는 반응이 다르다. 차

시나피는 오프라인 매장과 온라인 비즈니스를 함께 운영하며 시너지를 내고 있다.

별점을 발견하고 고객 관점에서 공략법을 모색하다 보니 공력이 쌓인 것이다.

온라인 비즈니스와 오프라인 매장을 함께 운영하려면 여러모로 신경 써야 할 점이 많다. 선택과 집중 측면에서 보자면 다소 버거울 수도 있다. 둘 중 하나만 집중해도 살아남기 힘든 게 외식업 아닌가. 하지만 장점도 있다. 온라인과 오프라인 비즈니스 역량을 겸비하면 확실한 필살기와 차별성을 확보할 수 있는 것도 사실이다. 온라인 비즈니스는 어려운 시기에 새로운 돌파구를 제공할 수 있다. 또한 다양한 능력 개발과 함께 안정적인 판매 채널을 확보하는 데 매우 유용하므로 차분히 준비해보기를 권한다.

역경은 나를 더 강하게 한다

내가 매일 아침 시나피에 출근하면 제일 먼저 하는 일이 있다. 밤사이에 온라인을 통해 들어온 주문을 취합하는 일인데, 이는 당일 빵의 생산량을 좌우하기 때문에 신속·정확하게 작업해야 한다. 이른 아침 졸린 눈을 비비며 빵집 문을 열고 들어와 반죽기와 오븐을 켜고 재료를 계량하는 보통의 동네 빵집과는 사뭇 다른 모습이 아닐까 싶다.

시나피는 대전에서 건강 빵집으로 제법 알려져 있다. 그런데 사실 매장에서 판매되는 양보다 훨씬 많은 빵이 전국 방방곡곡으로 배송되고 있다. 이 사실을 듣고 놀라는 이들이 적지 않다. 우리 가게에서는 온종일 반죽기 돌아가는 소리가 들린다. 뜨거운 오븐 열기로 조리실 안은 한겨울에도 후끈후끈하다. 매장에 빵을 사러 온 손님들은 동네 뒷골목 빵집에 이렇게 많은 직원이 근무할 줄은 몰랐다며 신기해한다.

아픈 만큼 성장한다

오프라인 매장과 온라인 사업을 겸비한 지금의 시나피 모습이 어느 날 갑자기 만들어진 건 아니다. 그동안 겪은 여러 부침과 어려움이 오늘날의 시나피 통밀빵을 만들었다.

나는 어렸을 때부터 유독 몸이 약했다. 청소년 시절에 들은 "넌 어찌 머리부터 발끝까지 안 아픈 곳이 없냐"는 아버지의 푸념 어린 말씀이 아직도 기억에 남아 있다. 그래서인지 성인이 되어서도 항상 건강에 관심이 많았고, 빵을 만들 때도 '어떻게 하면 건강한 빵을 만들 수 있을까?' 늘 고민해왔다.

빵집을 차리기 전인 어느 날 출장을 가려고 터미널에서 버스를 기다리다가 단팥빵을 사 먹었다. 그런데 빵을 먹고 얼마 안 되어 속이 더부룩하니 생목이 올라왔다. 전에도 비슷한 일이 있었는데 이날은 유독 심해서 많이 힘들었다. 이때 고통의 경험이 속 편한 통밀 단팥빵을 탄생하게 했다. 나와 같은 사람들이 분명 많이 있겠다는 생각이 건강하고 맛있는 빵을 만드는 계기가 되었다. 다만 빵을 만드는 데서 멈추지 않고 많은 사람에게 우리 빵을 더 쉽게 전달할 수 있는 방법을 찾아야 했다. 소수를 위한 아이템 판매는 수익성이 적어

결코 쉽지 않은 길이었다.

처음 문을 연 시나피 매장의 모습

통밀 비건빵을 만들어 판매를 시작한 2018년에는 온라인에서 빵을 구입한다는 사실 자체가 생소했다. 또한 비건빵은 일부 큰 빵집에서만 살 수 있었다(지금도 여전히 100% 통밀 비건빵은 동네 빵집에서 찾기가 쉽지 않다). 구하기 힘들다는 점이 어쩌면 비즈니스의 가능성이 될 수 있다고 나는 생각했다.

지금의 시나피는 유성 톨게이트와 대전 월드컵경기장이 있는 지하철 노은역에서 가까워 교통이 편리하다. 10년 전에는 그렇지 않았다. 시나피는 대전 원도심의 낡고 초라한 뒷골목에서 시작했다. 오피스 상권도 주거 상권도 아닌, 정말이지 생존하기 힘든 입지가 아닐 수 없었다. 철학자 니체는 말했다. "나를 죽이지 못하는 시련은 나를 더 강하게 한다." 정말 그렇다. 열악한 입지는 오히려 시나피를 강하게 만들었고, 온라인 비즈니스를 통해 전국에 빵을 판매할 수 있게 만든 발판이 되었다.

그즈음 30년 넘게 당뇨병을 앓고 계신 아버지가 마음껏 먹을 수 있는 빵이 흔치 않다는 걸 알게 되면서 당뇨인들도 먹을 수 있는 울

박상욱 대표가 직접 디자인하고 제작한 작업물

아빠빵을 개발했다. 이후 큰 호응을 얻었다. 입지상 불리함이 없었거나 온라인 비즈니스를 시작하지 않았다면 이 제품도 그저 몇몇 사람들의 기억 속에 묻혀 버렸을 것이다.

그동안 필사의 몸부림이 있었던 것은 물론이다. 모든 것을 혼자 감당해야 했다. 물어볼 사람도 대신해줄 수 있는 사람도 없었다. 사진 기술과 편집에 필요한 포토샵과 일러스트레이터 같은 소프트웨어 사용법을 독학으로 배웠다. 지난 10년간 전단지, 리플릿, 배너, 포스터 등 시나피를 알릴 홍보 콘텐츠를 직접 제작했으며, 쇼핑몰(자사 몰, 오픈마켓) 구축도 남의 손을 빌리지 않고 손수 했다. 그 과정에서 겪은 어려움은 말로 다 설명할 수 없지만, 분명한 것은 그때의 시행착오가 성장의 밑거름이 되었다는 점이다. 세상에 시나피 빵을 알려야한다는 목표를 향해 쉼 없이 달려온 날들이었다.

본질을 찾아가는 과정에서 통찰력 기르기

제품 판매에서 가장 중요한 점은 본질을 정확히 파악하고 여기에 따라 콘셉트를 세우는 것이다. 이를 토대로 제품을 사용할 고객의 페르소나를 설정하고, 문제를 찾아내서 해결하는 과정이 필요하다. 내 경험에 의하면 본질에 대한 탐구가 핵심 경쟁력과 만났을 때 고객들이 반응하면서 구매가 일어났다. 그렇게 탄생한 빵이 울아빠빵과 언니빵이다.

제품 기획 과정을 요약하면 다음과 같다. 먼저 본질을 중심에 두고 구상에 들어간다. 아이디어가 구체화되었다면 다음으로 이 제품을 어떤 방식으로, 특히 나 같은 경우에는 온라인상에 어떻게 알리고 판매할지 전략을 세운다. 제품 카테고리를 확인하고 비교 제품군과의 경쟁력을 살핀다. 고객의 불편함과 필요를 무엇으로 해소하고 어떤 키워드로 공략할지에 관해 밑그림을 그린다. 지

시나피의 고객 리뷰에는 소화가 잘된다는 내용이 많다.

통밀빵에 과채와 견과류를 곁들여 먹는 고객들이
많다.

난 20여 년간 우여곡절을 거치며 얻게 된 나만의 방식이다. 그렇다고 해서 늘 성공했던 건 아니다.

한 조각을 먹더라도 든든하게 배를 채울 제품을 고민하다 야심 차게 기획한 제품이 있었다. 현미와 귀리를 넣고 지은 영양밥을 반죽에 넣어 빵으로 만들었다. 아침을 굶고 가는 가족을 생각하며 준비한 식사 대용 제품이었다. 그런데 출시한 지 얼마 안 되어 혈당 관리 문제가 발생했다. 건강을 먼저 생각하는 사람들은 푸짐하고 든든한 식사보다 혈당이 오르지 않는 음식, 더 적은 칼로리가 중요한 구매 기준이었다. '든든한 아침 식사'라는 콘셉트에 집중하다 보니 온라인에서 건강빵을 구매하는 이들의 요구를 놓친 것이다. 한 고객의 리뷰를 통해 이 사실을 알게 되었다. 어쩔 수 없이 프로젝트를 포기해야 했다. 시행착오와 이를 개선하는 과정이 반복되어, 시나피 하면 떠오르는 울아빠빵이 탄생

했으니 분명 헛수고는 아니었다.

통밀빵은 영양분이 풍부해서 한 끼 식사로 모자람이 없다. 또한 얇게 잘라 바삭하게 구우면 아이와 어른 모두가 건강하게 즐길 수 있는 간식이 된다. 사과와 토마토 같은 과채나 견과류 등과도 잘 어울려 식단 조절에도 유용하다. 시나피는 매일 가까이 곁에 두고 싶은 친구 같은 빵이 되기 위해 노력하고 있다. 앞으로도 더 다양한 국산 통밀 비건빵들을 선보일 예정이다.

나는 "작은 시장을 독점하라"라는 메시지를 정말 좋아한다. 시장을 장악하려면 본질에 관한 깊은 고민이 필요하다. 아이템이 정해져 있지 않아도 괜찮다. 먼저 자기 자신에 주목하자. 나라는 사람의 본질을 온전히 파악하는 것이다. 관심사부터 특기, 성격, 사는 곳, 지금까지의 경험, 가지고 있는 역량, 좋아하는 취미와 운동, 철학, 비전, 사명 등 정말 많은 정보가 '나'를 구성한다. 그 안에서 본질을 찾아내는 과정이 필요하다. 어려워 보이지만 실제로 해보면 그렇지 않다. 시간을 들여 꾸준히 하다 보면 성과가 생길 것이다. 평소 모르고 지나갔던 차별화된 나의 장점을 발견하거나 바쁜 일상 속에서 잊고 지낸 진정한 꿈을 찾을지도 모른다.

스스로 브레인스토밍을 해보기를 권한다. 한 단어나 혹은 주제를 정하고 생각의 우주를 마음껏 펼쳐보라. 일정한 시간을 정하고 해보자. 재밌는 일들이 벌어질 것이다. 반복되는 본질 찾기 과정에서 아이템이 떠올랐다면 온라인이라는 맥락에서 분석해보자. 여러 방법이 있지만, 복잡하게 생각하지 말고 일단 네이버 검색에서 시작해보

자. 의외로 꽤나 괜찮은 아이템을 어렵지 않게 찾게 될 것이다. 한번 해보시라.

온라인 식품 시장은 경쟁이 치열하다. 경쟁 없는 비즈니스는 없다. 리뷰가 1만 개가 넘는 상품도 즐비하다. 독특한 상품으로 사람들의 마음을 훔치는 브랜드도 많다. 이런 생각이 들지도 모른다. '과연 이 아이템이 될까?' 그렇다고 기죽을 일은 아니다. 오랜 시간 호평과 사랑을 받는 상품과 브랜드는 어김없이 본질을 정확하게 파악하고 그 본질에 입각한 콘셉트를 가지고 있다. 당신도 그렇게 할 수 있다.

영혼을 담아내는 빵집

시나피는 태생부터 선교를 목적으로 삼았다. 신앙을 가지고 있지 않는 사람들에게는 조금은 낯설고, 과연 창업의 이유와 목적이 될 수 있을지 의구심을 가질 수도 있겠다. 하지만 시나피는 이름부터 목적의식이 명확하다. 'sinapy'는 헬라어(그리스어)로 '겨자씨'라는 뜻으로, 다음과 같은 성경의 구절과 깊은 연관이 있다.

"이는 모든 씨보다 작은 것이로되 자란 후에는 풀보다 커서 나무가 되매 공중의 새들이 와서 그 가지에 깃들이느니라." ◦ 마태복음 13:32

시나피의 시작은 겨자씨처럼 작고 보잘것없었다. 하지만 작은 겨자씨가 큰 생명력으로 많은 새를 품을 만큼 크게 자라나듯 시나피

시나피 탄생에 영감을 준 성경 구절과 시나피 로고

도 지금까지 하루하루 성장해왔다. 그리고 나와 시나피는 더 크고 밝은 미래를 꿈꾸고 있다.

시나피의 탄생 배경

겨자씨는 여러 복음서에 등장하는 매우 중요한 비유이다. 시나피 빵집은 예수님의 천국복음의 겨자씨에 대한 비유의 말씀을 깊이 묵상하던 중에 떠오른 영감과 함께 탄생했다. 나는 선교에 헌신하겠다고 다짐하고 사업을 시작한 이후 15년 동안 매년 여름, 외국에 나가 커피와 빵을 가르치는 일을 멈추지 않고 있다. 내가 필요한 곳이라면 어디든 힘이 닿는 한 겨자씨와 같은 전도의 씨앗을 뿌리고 있다.

타국으로 선교를 가서 주로 하는 일은 고아원의 아이들에게 제빵 기술을 알려주고, 대학교 청년들에게 커피와 빵, 케이크 등을 만드는 방법을 가르치는 것이다. 선교사들에게도 같은 기술을 전수하고 있다. 매년 소수 인원으로 이 모든 일을 감당해오고 있는데, 2022년 겨울에는 온 가족이 함께 태국 중북부의 한 도시에 가서 제빵 기술과 샌드위치 조리 노하우를 전수하고 왔다. 크고 작은 대학교들이 많이 모여 있는 교육 도시인데, 현지 청년들에게 유용한 기술을 전함으로써 그들이 사회로 나갈 때 자립의 토대를 마련해주고자 했다. 현지 청년들을 지원하는 선교사들을 돕는 일도 병행했는데, 내게는 참으로 보람 있는 일이 아닐 수 없다.

2022년 온 가족이 태국으로 선교 봉사를 다녀왔다.

나는 주로 여름과 겨울의 방학 즈음에 약 일주일간 외국에 다녀온다. 특히 태국을 정기적으로 방문하는데, 도움이 필요한 곳이라면 어디든 찾아간다. 거기서 현지 청년들과 리더들을 가르치는데, 동남아에서 비교적 잘사는 나라임에도 바리스타 교육이나 제과 제빵 기술을 접하기가 쉽지 않다. 교육비도 굉장히 비싸지만, 교육 내용이 실무적이지 않다는 점이 큰 문제다. 다민족 국가인 태국에서 소외된 소수 민족이라면 이런 기술을 배우기가 더욱 어렵다.

작은 기술도 현지 젊은이들에게 살아가는 희망이 될 수 있다는 점을 지금도 계속 확인하고 있다. 내가 가진 기술이 예수님의 십자가 사랑이 전해지는 데 보탬이 되고, 청년들이 성적인 타락과 마약

아이들과 젊은이들에게 희망을 주는 제빵 기술을 전수하고 있다.

에 노출되지 않고 바른길을 가게 하는 밑거름이 된다는 사실에 감사할 따름이다. 멀고 먼 타국이지만 젊은 청년들을 만나러 가는 길은 그래서 매번 설렌다. 교육장에서 만나는, 하나라도 더 배우려는 열정으로 가득한 그들의 눈빛과 태도가 지금도 눈에 선하다. 한 가정과 사회를 건강하게 변화시킬 수 있는 청년들의 성장이 참으로 귀하다.

　나는 남다른 철학을 가진 한 사람의 작은 빵 기술 하나가 한 사람과 한 가정, 더 나아가 사회를 변화시키는 '모퉁이의 머릿돌'이 될 수 있다고 믿는다.

씨앗을 뿌리는 농부의 심정으로 빵을 굽는다

나는 시나피가 고객들의 마음을 움직이는 철학이 있는 빵집, 고유한 빛깔을 가진 빵집이 되기를 꿈꾼다. 흔히들 영혼이 빠진 육체는 껍데기라고 말한다. 시나피는 겉모양뿐인 빵집이 되고 싶지 않다. 몸과 마음은 서로 긴밀하게 연결되어 있다. 몸이 아프거나 불편한데 우리 영혼이 어찌 맑고 건강할 수 있겠는가! 같은 맥락에서, 빵을 먹을 때마다 속이 더부룩하고 내 몸에 미안한 마음이 든다면 어찌 영혼을 담아내는 빵집이라고 할 수 있겠는가! 소중한 몸과 마음을 회복하려는 손님들이 기꺼이 찾아오는 그런 빵집이 되고 싶다.

다양한 고객들이 시나피를 찾는다. 불규칙한 식습관을 개선하기 위해 통밀빵을 찾는 이부터 빵을 먹고 싶다며 멀리서 일부러 오시는 암 투병 중인 손님, 식단 조절을 위해 통밀빵을 고르는 여성 손님, 가족들이 끼니를 거르지 않게 하려고 통밀빵을 고르는 엄마 손님, 그리고 당뇨 진단을 받고 통밀빵을 먹어야 하는 이들까지 각양각색이다. 이 모든 고객이 과연 어떤 생각을 하며 빵을 고를지 궁금해지곤 한다. 다채로운 고객의 생각을 전부 알 수는 없지만, 시나피를 방문하는 고객들의 마음속에 시나피의 빵은 '건강한 빵!' '믿고 먹을 수 있는 빵!'이라는 신뢰가 자리 잡기를 소망한다.

그렇다. 시나피를 찾아오는 모든 고객이 시나피 빵을 먹고 건강해지면 좋겠다. 속이 불편해서 아무 빵이나 먹을 수 없는 사람들에게 선물 같은 빵집으로 기억되고 싶다. 혈당 조절이 힘든 사람들에게는 건강을 회복할 수 있다는 희망으로, 다이어트하는 분들에게는 마음 편히 먹을 수 있다는 행복감으로 남았으면 좋겠다. 이 밖에도 여러 사람에게 각각의 즐거움을 선사하는 빵집으로 기억되기를 바란다.

'시나피가 어떤 빵집으로 기억되기를 바라는가?' 이 질문은 시나피의 미래와 비전을 묻고 있다. 미래를 그리다 보면 자연스레 지금까지 걸어온 길이 눈에 밟힌다. 사람이든 조직이든 과거를 깊이 들여다볼수록 오늘이 선명하게 보이는 법이다. 그래야 미래 또한 분명하게 조망할 수 있다.

돌아보면 통밀로만 빵을 만들기가 쉽지는 않았다. 더욱이 우리나라에서 나고 자란 통밀로 빵을 만들기란 정말이지 녹록지 않았다. 다양한 우리나라 밀 품종 가운데 빵 만들기에 적합한 밀을 찾는 게 힘들었고, 설사 찾는다고 해도 안정적인 수급이 구조적으로 어려웠다. 사정이 이렇다 보니 그때그때 레시피를 조정해야 하는 등 끊임없는 노력과 연구가 필요했다.

하나만 예를 들어보겠다. 밀가루에는 글루텐(gluten) 성분이 들어 있다. 단백질 복합체인 글루텐은 속을 불편하게 만든다. 과민 반응이 있는 사람은 생목이 오르고 속이 더부룩해져서 먹지 못한다. 이런 사람들이 생각보다 많다. 시나피가 속이 편한 빵집으로 기억되려면 이 문제를 꼭 해결해야 했다.

한때 천연 발효종을 이용한 빵이 유행처럼 번졌다. 무화과, 건포도, 요구르트 등에서 배양한 발효종으로 빵을 만들면 풍미가 깊고 속이 편안하다. 하지만 천연 발효종

시나피의 차별성 중 하나인 묵은 김치 천연 발효종

은 관리가 무척 까다로워 중도에 포기하는 경우가 적지 않다.

나는 글루텐 문제를 해결하기 위해 다양한 발효종을 연구했다. 수년간 이어진 각고의 노력 끝에 묵은 김치에서 해답을 찾았다. 2018년 3월부터 1년 된 묵은 김치에서 양질의 김치 유산균을 배양해서 사용하고 있는데, 그동안 경험해보지 못했던 발효종의 힘을 알게 되었다. 묵은 김치 천연 발효종이 글루텐을 효과적으로 분해해주는 동시에 빵을 부풀게 하여 속을 편하게 해준다. 누구도 따라올 수 없는 시나피만의 독특한 차별점이 아닐 수 없다.

먼 훗날 이렇게 회상하는 나 자신을 꿈꾸곤 한다. '이른 봄, 아무것도 없는 드넓은 들판에 씨앗을 뿌리는 농부의 심정이었다. 빵을 통해 굶어진 세상에 씨를 뿌린 것은 참으로 값진 일이었다!' 건강하고 맛있는 빵 만들기와 해외 선교에 매진하다 보면 언젠가 내가 뿌

밀밭에 서 있는 박상욱 대표

린 씨앗들이 움트고 자라나 나무가 되고 숲이 된 모습을 볼 수 있으
리라 믿는다.

3장

다점포 경영의 미다스

다점포 경영의 퍼스트 펭귄
- 오동엽 대표

관계, 외식업의 알파이자 오메가

밥장사에 가장 중요한 한 가지는 무엇일까? 아마 사람마다 답이 다를 텐데 내 대답은 이거다. 관계. '아니, 외식업에서 관계가 가장 중요하다고?' 의문이 들 수도 있겠다. 다른 사람들은 어떨지 모르겠으나 내 경우는 그랬다. 관계에 의해 외식업을 시작했고 지금도 관계가 가장 어렵고 가장 소중하다.

삼겹살 프랜차이즈로 외식업에 뛰어들다

내 첫 밥장사 이야기로 시작하는 게 좋겠다. 2016년, 태어나서 처음으로 식당 자리를 알아보는데 상권이 좋고 눈에 들어오는 곳이 있었다. 평수도 80평이었다. 경험이 없으니 배운다는 마음으로 작게 시작해도 될 법한데, 꼭 그 자리에서 하고 싶었다.

외식업은 아니었지만 이전에 다점포를 운영한 경험이 있었기에 이를 살리고 싶어서 시작할 때부터 다점포와 프랜차이즈 확장을 염두에 두었다. 이곳을 소위 말하는 '안테나 매장'으로 삼으면 좋겠다고 생각했다. 안테나 매장이란 자사 상품에 대한 고객의 반응과 평가를 파악하거나 타사 제품의 정보를 입수하기 위해 운영하는 매장을 말한다. 판매와 매출이 최우선인 일반 매장과 달리 상품 기획과 제조에 필요한 정보 입수를 우선 과제로 삼는다. 마치 공중의 전파를 잡아내는 안테나와 같은 기능을 한다고 해서 붙은 이름이다

다시 내 이야기로 돌아오면, 당시 문제는 자금과 경험이 부족하다는 점이었다. 그래서 두 가지 중요한 선택을 해야 했다.

첫 번째는 좋은 동업자를 만나는 것이었다. 다행히 이 부분은 크게 어려울 게 없었다. 믿고 의지하는 파트너와 상의하며 오픈 전부터 최소 3개의 매장을 염두에 두고 자금을 마련했다. 오래된 지인이자 그전에 동업도 했던지라 관계 설정에 큰 문제는 없었다.

두 번째, 실은 이게 가장 어려운 부분이었다. 밥장사를 하겠다고 하니 이구동성으로 남 밑에서 배우고 경험을 쌓아야 한다고 했다. 다들 이렇게 말하는데 난 조금 빠르게, 다르게 시작하고 싶었다. 그래서 가장 먼저 프랜차이즈를 알아봤다. 가맹점 하나가 아닌 다점포 그림을 그리다 보니, 목포를 중심으로 전라도를 총괄하는 지사를 내게 맡길 수 있는 프랜차이즈를 만나야 했다.

당시 괜찮은 프랜차이즈 브랜드의 특정 지역 지사를 맡으려면 꽤 많은 자금이 들어갔다. 여기에 가맹점 오픈 비용까지 더하면 4억 정도는 필요했다. 이런 점들을 고려해서 선택한 아이템이 삼겹살 프랜차이즈 브랜드였다. 일단 삼겹살은 한국인이 가장 좋아하는 음식 중 하나이고 호불호가 적었다. 그런 만큼 경쟁도 치열했는데, 내가 사는 목포에도 삼겹살집이 많았다. 다만 지역에 없는 고깃집으로 승부를 보려고 했다. 그래서 선택한 게 당시 수도권을 중심으로 뜨고 있던 프리미엄 삼겹살집 프랜차이즈였다. 테이블마다 담당 직원이 두꺼운 삼겹살을 불판에 온도를 재주며 직접 고기를 구워주었고, 시설과 인테리어도 고급스럽게 꾸몄다. 지금이야 흔한 아이템이지만 당시 목포에서는 내가 처음 도입한 고깃집이었다.

좋은 자리에 신선한 아이템으로 인테리어 빵빵하게 하고 들어가니 아니나 다를까, 첫 매장에서 바로 월 매출 1억을 넘기는 기염을 토했다. 본사에서 최대 월 매출로 8,000을 예상했는데 바로 1억을 넘겼으니 말 그대로 대박이었다. 첫 밥장사를 시작하자마자 억대 매출을, 그것도 중소 도시에서 찍으니 본사에서도 난리가 났다. 더욱이 내가 전라 지사를 맡기로 했기에 본사도 목포 매장에 관심이 많았다.

그런데 내게 관계의 중요성을 뼈저리게 느끼게 해준 사건이 여기서 벌어졌다. 가맹점이 빠르게 늘면서 승승장구할 것 같던 프랜차이즈 본사 내부에 문제가 발생한 것이다. 개인 정보를 비롯해 민감한 얘기들이 많아서 여기서 자세히 밝힐 수는 없지만, 본사와 가맹점

간의 갈등 그리고 본사 경영진들 사이의 대립이 문제였다.

본사의 문제에도 불구하고 나는 이 매장을 지키고 싶었다. 그래서 어느 한 편에 서지 않고 중립적인 위치를 고수했다. 장사가 워낙 잘되다 보니 2호점까지 오픈했다. 그러나 본사와 가맹점 간의 소송으로 결국 본사가 문을 닫았다. 나는 본사 없이 망한 브랜드를 3년 더 독자적으로 운영했다. 나중에 알고 보니 당시 내가 선택한 프랜차이즈는 지금은 굉장히 유명해진 프랜차이즈 브랜드를 말 그대로 '카피'한 거였다. 다행히 목포에서는 내가 먼저 시작해서 오히려 원조 브랜드가 우리를 따라 했다고 소문이 났다. 지금 보면 '웃픈' 얘기인데 내 첫 외식 장사는 그렇게 시작되었다. 매출은 잘 나왔지만 우여곡절이 있었다.

이때의 경험을 통해 나는 프랜차이즈 본사와 가맹점의 관계, 경영진의 관계가 얼마나 중요한지 배웠다. 그런데 한 번으로는 부족했던 걸까. 또다시 아픈 경험을 해야 했다.

상처로 남은 관계, 그리고 배운 점

이번에는 삼겹살집 2호점 준비할 때의 이야기다. 돌아보면 문제가 터졌을 때 프랜차이즈 2호점을 내지 말았어야 했다. 그런데 나는 장사가 너무 잘되고 이쪽 지역은 문제가 없을 거로 여겼다. 또 여러 매장을 운영하겠다는 의욕이 앞서 무리수를 뒀다. 1호점을 오픈하고 6

개월 후에 2호점을 오픈한 것이다.

2호점은 나름대로 좀 더 준비해보고 싶어서 전국의 이름난 고깃집들을 돌아다녔다. 그때 부산의 한 대학가 상권을 보고 있는데 어마어마하게 줄을 선 식당이 보였다. 무한리필 삼겹살집이었다. 알아보니 '무한리필'만 붙으면 장사가 잘되었다. 그때 무릎을 쳤다. '이거다. 얼른 목포에 열어야지!'

프랜차이즈 2호점을 준비하면서 동시에 무한리필 삼겹살집 한 군데를 더 진행했다. 지금 생각하면 참 무모하다 싶지만, 원래 성격이 그런지 열심히 일을 벌였다. 2호점이야 1호점 시스템을 옮기면 되기에 수월했지만, 외식업 경력이 부족했기에 무한리필은 어떻게 해야 할지 고민이 되었다. 당시 유명한 무한리필 고깃집을 경쟁 상대로 삼고 이길 방법을 궁리했다. 고심 끝에 마련한 전략의 핵심은 한마디로 '프리미엄 무한리필 고깃집'이었다. 먼저 최고 좋은 자리에 90평 대형 공간을 꾸미고, 당시 일반적인 무한리필집에서는 볼 수 없는 건조 숙성 고기를 메뉴로 내세웠다. 여기에 쌈 채소 열두 가지로 꾸민 무한리필 샐러드바와 프리미엄 삼겹살집에서나 볼 수 있는 그릴링 서비스(직원이 고기를 구워주는 서비스)까지 제공했다. 대신 가격은 경쟁사보다 인당 3,000원 더 높게 책정했다.

이때도 자금 확보가 문제였다. 1호점부터 시쳇말로 '영끌'을 했는데 6개월 만에 2호점에다 무한리필집까지 준비하려니 내가 가진 돈만으로는 불가능했다. 그런데 이번에도 일이 풀리려고 하는지 가까운 지인과, 함께 일하는 직원이 투자 의향을 밝혀서 같이하기로 했다. 그리고 이번 매장도 손님들 대기 줄이 100미터씩 이어지면서 바로 월 매출 1억 매장이 되었다. 치열하기 그지없다는 외식업 시장에서 연이어 대박을 친 것이다.

호사다마(好事多魔)라 했던가. 이때부터 갑자기 문제가 터지기 시작했다. 무한리필집에 집중하는 사이에 기존 1호와 2호 매장이 삐걱거렸다. 솔직히 말해 멋모르고 시작해서 연달아 1억을 찍으니 자만했던 면도 있었다. 여러 매장을 하려면 시스템을 갖추고 준비를 제대로 해야 하는데 그러지 않고 다른 사람에게 맡겨만 놨으니 문제가 안 터지는 게 이상한 일이었다. 말이 믿고 맡긴 거지 사실상 방치나 마찬가지였다. 가게에 내가 있고 없고가 하늘과 땅 차이였다.

1호 매장을 살리는 게 급선무였다. 그래서 무한리필 매장의 두 동업자에게 지분을 양도하고 나는 1호점에 집중하기로 했다. 근데 희한하게 그러고 나서 얼마 되지 않고부터 이번엔 무한리필 매장에서 여러 문제가 터져 나왔다. 장사가 잘된다는 이유로 거들떠보지 않았던 누적된 문제들이 봇물 터지듯 쏟아졌다. 성장도 내실을 다져야 오래가는데, 그때는 매상이 잘 나오니 이런 생각을 못 했다. 두 동업자도 외식업 경험이 전무하다 보니 크고 작은 문제가 계속되자 난감해했다. 해결되는 일 없이 상황이 악화되다 보니 나중에는 동업자들 관계도 되돌릴 수 없을 정도로 틀어져버렸다. 어찌 보면 앞서 경험한 프랜차이즈 본사 경영진 간 갈등 상황이 내게 벌어진 꼴이었다. 이 과정에서 나는 떠올리고 싶지 않을 만큼 상처를 많이 받았다.

누구 하나의 잘못이라 말할 수 없는 일이었다. 물론 내게도 잘못이 있다. 대화를 나누고 오해를 풀고 일을 해결하려고 더 노력했어야 했다. 또한 나 스스로 문제가 있었는지 성찰하고 반성했어야 하는데, 그러지 못하고 미성숙하게 대응했다. 동업한 두 사람은 어찌 보면 나를 믿고 같이한 것인데 더 세심히 살피지 못했던 게 불찰이었다. 그때나 지금이나 나는 관계 지향적인 사람인데, 그때는 특히 사업상 관계에서 미숙했던 것 같다. 지금도 이 일을 생각하면 그들에게 미안하고 가슴이 아프다.

내 인생에 역전 홈런을 만들어준 사람들

첫 장사부터 세 번째 매장까지 장사는 잘되었다. 그런데 자세히 뜯어보면 실은 빛 좋은 개살구였다. 한마디로 실속이 없었다. 서로 믿고 의지했던 이들과 갈등을 겪으면서 맘고생이 정말 심했다. 그때 나의 유일한 위로는 광주에 사는 친한 형님한테 속내를 털어놓으면서 소주 한잔하는 시간이었다. 그 형님하고 자주 만나 대화하고 여행도 다니면서 많은 위로를 받았다. 그러다 운명처럼 내 외식업 경력에서 터닝 포인트가 된 '역전할머니맥주'를 만나게 되었다.

그날도 너무 힘들어 목포를 벗어나 광주로 형님을 만나러 갔다. 대화 중에 그 형님이 자신과 전에 일하던 직원이 '역전할머니맥주'라는 프랜차이즈 가맹점을 한다고 했다. '맥줏집에 웬 할머니?' 처음 들었을 때는 생뚱맞은 이름이다 싶었다. 근데 장사가 아주 잘된다는 거였다. 말 나온 김에 찾아가 보니 아니나 다를까 당시 동네에서 좋은 자리도 아닌 곳에 있는 작은 술집에 사람들이 가득했다. 다시 안 올 기회라는 감이 왔다. 그런데 그때는 내 인생에 가장 힘든 시기 중 하나였고 당연히 자금도 없었다.

그럼에도 무슨 확신이 있었는지 또 창업 준비를 했다. 아마 상처받고 헛헛해진 상황을 뭔가에 집중해서 잊고 싶은 마음이 컸던 것 같다. 하늘이 날 버리지 않았는지 그 형님의 직원이 역전할머니맥주 프랜차이즈 대표와 가까운 사이였다. 당시만 해도 이 브랜드가 지금처럼 유명해지기 전이라, 그 직원의 도움으로 목포에서 제일 좋은 상권에 좋은 조건으로 가맹점 오픈 준비를 할 수 있었다. 돈이 없었기에 파트너를 구해야 했는데 평소 알고 지내던 형님에게 사정을 이야기하니 두말없이 나를 믿고 투자를 해줬다.

관계가 중요하다는 걸 또 한번 실감했다. 발 벗고 도와준 광주의 형님과 그 직원 동생, 그리고 자금이 부족했을 때 아무 조건 없이 융통해준 그 형님과의 관계가 나를 살렸다. 힘든 상황이었지만 좋은 분들과 관계의 끈을 놓지 않았던 게 역전할머니맥주로 재기할 수 있었던 계기였다. 이렇게 말해도 될지 모르겠는데, 나는 관계로 인한 지옥과 천국 모두 경험했다. 그만큼 반성하고 배운 점이 많으며, 나의 가장 큰 기쁨의 원천도 관계라고 말할 수 있다.

내가 경험한 역전할머니맥주 프랜차이즈는 내공이 탄탄한 회사였다. 가맹점주 입장에서 봐도 신메뉴 개발부터 매장 관리까지 본사 차원에서 참 관리를 잘한다는 생각이 절로 들었다. 역전할머니는 그

손님으로 가득한 역전할머니맥주 목포 평화광장점

저 빛 좋은 개살구가 아니었다. 이 매장을 하면서 비로소 '아! 진짜 돈을 버는구나' 체감하게 됐다. 역전할머니맥주는 말 그대로 역전 홈런을 쳐줬다. 전국 1등 매장이 되었고 나중에 아주 좋은 조건으로 매각해 새로운 도전에 든든한 발판이 되어주었다. 역전할머니맥주를 준비한 순간부터 문을 열고 열심히 장사하고 매각할 때까지, 참 좋은 사람들 덕에 돈도 벌고 행복했던 기억이 많다.

역전할머니맥주 매장을 기점으로 인생이 역전되기 시작했다. 그 뒤로 성장을 거듭하며 현재 5개가 넘는 브랜드로 총 16개의 매장을 운영하고 있다. 최근에는 목포의 오래된 점포를 바탕으로 '유달회관'이라는 브랜드로 프랜차이즈 사업에 매진하고 있다.

다시 한번 강조하지만, 처음 외식업에 뛰어들어 지금까지 오면서 내 외식업 인생을 상징하는 한 가지를 꼽으라면 단연 '관계'다. 관계야말로 내 외식업 인생의 알파이자 오메가다. 동업자와의 관계부터 직원과의 관계, 손님과의 관계, 프랜차이즈 본사와 가맹점의 관계에 이르기까지 하나라도 관계를 소홀히 했다면 여기까지 올 수 없었다.

1퍼센트의 영감과 99퍼센트의 노력

사람들이 종종 묻는다. "오 대표님의 강점은 뭐예요?" 사실 나 자신에게도 까다로운 질문이다. 음식에 대해 모르는 내가 지금껏 다수의 점포를 운영하고 있는 걸 보며 스스로에게 되묻는 말이기도 하다. '넌 정말 무엇을 잘해서 이만큼 하고 있는 거야?'

운칠기삼? 운구기일!

그럴 때면 "그저 운이 좋았다"라고 얘기한다. "에이, 운으로?" 반문할 수 있겠지만 정말 이게 9할이다. 흔히들 운칠기삼(運七技三)이라고 말하는데 내가 보기엔 운구기일(運九技一)이다.

내 경험으로는 외식업의 성패도 마찬가지다. 주위의 내로라하는 실력자 중에서도 자체 브랜드로 성공하는 확률은 극히 낮다. 외려 실패하는 경우가 더 많다. 외식업에 몸담은 사람이라면 적어도 이 부분에 대해서는 나와 생각이 같을 것이다. 시스템이나 자본도 중요하지만 음식을 다루고 대중과 직접적으로 소통한다는 점에서 일선에서 일하는 사람들에 의해 성패가 좌우된다. 유명한 프랜차이즈 가맹점도 누가 운영하느냐에 따라 많이 달라진다. 심지어 같은 자리에 있는 가맹점이 주인만 바뀌었을 뿐인데 매출이 2배 넘게 차이 나기도 한다. 훌륭한 기획을 하고 많은 자본을 투여해도 안 되는 경우가 많은 게 외식업의 특징 아닌 특징이다. 수많은 대기업이 도전하지만 롱런하지 못하거나 큰 성과를 못 내는 게 이 바닥 아닌가.

내 사례를 돌아보면 운이 생각보다 중요했다. 나의 첫 장사는 2007년에 문을 연 당구장이었다. 지금은 사회체육으로 인정받고 있지만 당시만 해도 불량한 사람이 오는 곳이란 인식이 많았다. 한창 사행성 오락실이 유행할 때라서 손님들이 분산되어서 장사도 썩 잘되지 않았다. 나도 가진 돈에 맞춰 큰 기대 없이 권리금이 거의 없는 가게를 인수했다.

인수하고 얼마 지나지 않아 당시 사회적으로 문제가 컸던 사행성 오락실에 대한 대대적인 단속이 시작됐다. 오락실을 가던 이들이 당구장으로 몰리기 시작했다. 전혀 예상하지 못한 일이었다. 거기에다 당구가 생활체육으로 인정받으면서 공중파에 소개되고 정식 스포츠로 인식되면서 제2의 당구 붐이 일어났다. TV에서 프로 당구 리

그가 중계되고 아시안 게임 등에 정식 종목으로 채택되면서 별생각 없이 시작한 당구장이 성황을 이뤘다. 후에 꽤 많은 권리금을 주고 들어온다는 사람에게 매매할 수 있었다. 첫 장사부터 운이 따랐다.

두 번째 장사는 포켓볼이었다. 당구장을 팔고 나서 뭐 할까 고민하다 당시 목포에 유일하게 한 군데 있던 포켓볼 당구장이 눈에 들어왔다. 당구 붐이 일면서 고급 시설을 갖춘 대형 당구장들이 들어서는 시장 환경에서 특별하지 않으면 안 될 것 같았다. 포켓볼은 아직 저변이 미흡했지만 당구에 이어 붐이 일어날 가능성이 있어 보였다. 꼭 그렇지 않더라도 한 지역을 독점하면 손해는 보지 않겠다 싶었다. 위치도 좋아 성공할 가능성이 높아 보였다.

내심 거길 인수하기로 결정하고, 주변 자리를 알아보며 포켓볼 매장을 오픈할 거라는 정보를 흘렸다. 그랬더니 포켓볼장 주인으로부터 진짜로 연락이 오는 게 아닌가. "서로 힘들게 경쟁하지 말고 차라리 우리 가게를 인수해라." 내색하진 않았지만 장사가 기대만큼 안 되어서 넘기고 싶어 했던 것 같다. 난 속으로 쾌재를 불렀다. 새로 차리는 방법도 있지만 그러면 경쟁을 피할 수 없지 않은가. 게다가 인수하는 데 드는 비용이 새로 여는 것보다 훨씬 저렴했다. 업종을 바꿀 것도 아니어서 인테리어만 조금 손보고 빠르게 오픈할 수 있었다.

목포의 유일한 포켓볼장이었고 유행할 조짐도 보이는 시점이긴 했지만 큰 욕심은 없었다. 내가 인수하기 전까지 장사도 고만고만한 수준이었다. 그런데 그때 운명 같은 사람이 나타났으니 차유람이라는 포켓볼 선수였다. 생소한 스포츠였던 포켓볼에 실력 좋은 여자가, 그것도 연예인급으로 예쁜 사람이 등장해 매스컴에 소개되면서 금세 스타가 되었고 팬들도 열광했다.

갑자기 젊은 층에서 포켓볼 열풍이 불기 시작했다. 그야말로 광풍이었다. 당시 우리 매장 당구대가 9개였는데 오픈 첫날부터 손님들이 몰리더니 자정까지 계속 줄을 서는 게 아닌가. 지금 생각해도 신기하다. 경쟁자가 없었기에 가능한 일이 아니었을까 싶다. 인수 후 6개월 동안 정말 자리에 앉을 새가 없을 정도로 장사가 잘되었다. 모르면 몰라도 당시 전국 최고 수준으로, 아마 지금도 그만한 매출을 올리는 당구장은 없을 듯싶다. 반년 넘게 대박이 터지니 슬슬 포켓볼장이 생겨나기 시작했고, 나는 정점에서 인수했을 때보다 훨씬 많은 권리금을 받고 미련 없이 가게를 팔았다. 돌아보면 포켓볼 장사도 정말 운으로 시작해서 운으로 해피엔딩을 맺었다고 할 수 있다.

큰 성공에는 운이 따라야 한다

요식업도 마찬가지였다. 외식업으로 진정한 첫 대박을 안겨준 '역전할머니맥주'도 사실 내가 잘해서 잘됐다기보다는 좋은 브랜드를 만난 덕이 컸다. 그 뒤로 '대반동201' 카페를 할 때부터는 정말 초대운이 따라왔다. 대반동201은 바닷가 앞에 위치한 카페인데, 영업을 시작하자마자 코로나19가 터졌다. 외식업계에서 잔뼈가 굵은 전문가들도 일찍이 경험하지 못한 악재였다. 나도 처음엔 이걸 어쩌나 싶었다.

그런데 코로나19 팬데믹 기간, 특히 초기에는 사람들이 일부러 인구 밀집도가 낮은 외곽의 넓은 카페나 식당을 찾아왔다. 코로나 때문에 많은 외식인들이 힘들 때 우리 카페는 거꾸로 수혜를 입었다. 카페를 차리고 두 달 후 카페 위로 바다를 가로지르는 스카이워크가 생겼다. 목포시에서 만든 건데, 카페를 준비할 때만 해도 이런 랜드마크가 생길 줄은 몰랐다. 스카이워크에서 바다를 내려다보며 맥주와 커피 등 음료와 함께 간단한 식사를 즐기려는 사람들이 모여들었고 카페 주변은 새로운 관광 명소로 자리매김했다. 자연스레 우리 카페도 초대박이 터졌고 지금도 많은 사랑을 받고 있다.

목포 평화광장에 카페 '페어링'을 준비할 때의 일이다. 그런데 무슨 생각에서인지 평화광장에 있던 ○○탑 자리가 계속 눈에 들어왔

대반동201 내부에서 바라본 바깥 풍경

목포 번화가에 위치한 카페 페어링

다. 바로 앞으로 바다가 보이는 위치에 있고 단독으로 2층에 옥상 테라스까지 있는 건물이라 맘에 들었다. 하지만 빈 매장이 아니었다. 다른 사람이 영업을 하고 있는 상황이었고 설사 매매가 나온다 해도 인수 금액을 감당할 수 없을 게 뻔했다. 그런데도 나는 지인들에게 그 자리에 베이커리 카페를 하겠다고 공언했다. 왠지 느낌에 내 매장이 될 거 같았다. 이때가 코로나 3단계로 경기가 최악으로 치달을 때였다. 당연히 배달 업종 정도를 빼고는 대부분 외식 매장이 힘든 상황이었다. 마침 그곳을 운영하던 사장이 자포자기하며 가게를 내놓았다. 거짓말같이 내가 원하는 시점에 매물로 나온 것이다. 다른 때라면 상상할 수도 없는 낮은 가격에 인수할 수가 있었다. 그리고 카페를 새로 오픈하자마자 코로나19 방역 조치가 해제되면서 사람들이 몰리기 시작했다.

운 이야기를 하자면 끝이 없을 것 같다. 보통은 운도 실력이라고

카페 페어링 내부

카페 페어링의 식음료

한다. 그런 면에서 난 실력자이다. 운이 쌓이는 사람이니 말이다. 큰 성공은 나 혼자 잘한다고, 또 공식대로 한다고 해서 되는 게 아니다. 반드시 운이 따라야 한다는 게 내 생각, 아니 내 경험이다.

나음보다 다름으로

운이 모든 걸 결정한다고 말하는 것처럼 들릴지도 모르겠다. 그렇지는 않다. 내 말대로 운이 9라고 해도 나머지 1을 채우지 않으면 말짱 도루묵이다. 토머스 에디슨의 명언인 "천재는 1퍼센트의 영감과 99퍼센트의 노력으로 이뤄진다"라는 말은 1퍼센트의 영감이 그만큼 중요하다는 뜻이기도 하다.

1퍼센트의 영감은 다른 말로 '차별성'이다. 1이라는 차별성을 실현하기 위해 99퍼센트의 열정을 바쳐야 한다. 반복적이고 지루한 일상에 지치지 않아야 한다. 무엇보다 남과 달라야 한다. 요즘 세상은 시쳇말로 개성 있는 돌아이, 창조적 괴짜가 성공하는 시대다. 경쟁력은 결국 고객이 결정한다. 내가 백날 노력한다고 떠들어봐야 통하지 않는다. 나의 다른 점, 우리 매장의 차별점을 고객에게 선명하게 보여주어야 한다.

포켓볼장을 운영할 때 일이다. 오픈하고 나서 TV 광고를 냈다. 그때는 어떤 업종이든 자영업자가 TV에 광고를 낸다는 거 자체가 생소할 때였다. 지역 케이블TV 광고도 아주 유명한 식당이나 기업체에서 할 뿐이었다. 아마 우리 광고를 본 사람들도 '당구장이 웬 광고, 그것도 TV에?' 싶었을 거다. 요즘도 당구장이 TV에 광고한다는 얘길 들어본 적이 없다. 그런데 20년 전에 TV에 당구장 광고를 냈으니 나도 평범한 사람은 아니었던 것 같다.

멀리 애플의 스티브 잡스나 테슬라의 일론 머스크까지 갈 필요도 없다. 작게 시작해서 지금은 탄탄한 프랜차이즈 업체로 자리 잡은 역전할머니맥주를 보라. 처음 이 회사가 시장에 나왔을 때 "맥주가 싱겁다." "안주 퀄리티가 낮다." "오래 못 갈 것이다" 등 안 좋은 평이 많았다. 결과는? 정반대다. 저렴하고 간단한 안주에 살얼음 맥주라는 차별화 포인트로 업계에 센세이션을 일으켰다.

나는 매장을 오픈하고 브랜드를 기획할 때면 늘 '나음보다 다름'을 추구한다. 같거나 비슷한 사고방식으로는 차별성을 만들기 쉽지 않다. 다양한 관점으로 탐색하고 새롭게 접근하고 간절함으로 실행해보는 태도가 필요하다. 굳이 나만의 필살기를 꼽자면 운과 더불어 '다르게 생각하기'가 아닐까 한다.

나의 강점으로 승부한다

내가 나음보다 다름을 지향하면서 중시하는 두 가지는 아이템과 입지다. 입지에 대해서 먼저 설명해보려 한다. 앞에서 '운 좋게' 좋은 입지를 구했다고 얘기했다. 운이 따른 것은 맞는데, 여러 번 적합한 자리를 찾아낸 걸 보면 안목이 있는 게 분명하다. 우리 매장의 차별성은 바로 여기서 시작한다.

나는 매장을 선택할 때 입지를 최우선으로 고려한다. "외식업은 맛이 제일 중요하지 않나요?" 하고 묻는다면 내 대답은 "글쎄요"다. 고객들이 스스로 찾아오게 하는 게 관건일 텐데, 그 방식은 매장과 주인에 따라 다르다. 어떤 매장은 아이템을 내세우고 또 다른 데는 맛을 뽐낼 수도 있다. 그렇다면 나는? 다른 무엇보다 입지로 승부를 본다. 최상의 입지, 이른바 '특 A 자리'를 선호한다. 월세가 비싸고 권리금이 있더라도 그런 자리를 구한다.

역전할머니맥주를 준비할 때였다. 원하는 상권에서 좀 벗어난 자리에 권리금 없는 곳이 있었지만 중심지 한가운데 자리에 권리금을 주고 들어갔다. 여유가 있어서 그런 것도 아니다. 주류 대출을 더 받아서 들어갔다.

내가 지금 운영하는 거의 모든 매장이 A급 자리에 위치해 있다. 입지야말로 다점포를 하면서도 안 망하는 가장 큰 이유가 아닐까 싶다. 좋은 자리에 있다 보니 기본 이상의 매출이 나오고, 안 되더라도 털고 나오기가 편하다. 업종을 바꾸기도 좋다. 장사라는 게 안될 때도 대비해야 한다. 그래서 빨리 팔고 나올 수 있는지를 고려하여 자리를 검토한다. 입지가 안 좋으면 영업이 부진할 때 투자금을 건지기는커녕 원상복구 등에 돈이 더 들어갈 수도 있다. 당장의 투자만 생각하지 말고 장기적인 관점에서 볼 줄 알아야 한다.

좋은 자리가 다른 데보다 월세 200만 원이 더 나간다고 치자. 그러면 하루 7만 원씩만 더 팔면 된다. 아이템마다 다르겠으나 요즘 단가로 하루 한두 팀만 더 받으면 된다. 음식과 서비스 등이 기본만 해도, 입지가 좋으면 기대 이상으로 손님을 끌어모을 수 있다.

초보 창업자일수록 난 더 좋은 입지로 가라고 조언한다. 처음이니 작게 시작해야 하는 거 아니냐 묻지만 좀 더 투자하더라도 좋은 자리에서 시작해야 실패할 위험이 줄어든다고 말한다. 정 자금이 부족하면 더 모아서 나중에 창업하는 게 낫다. 이미 여러 매장이 폐업하거나 교체되어 나간 곳, 즉 안 좋은 자리에서 하는 건 절대 비추한다. 실패는 성공의 어머니란 말을 별로 안 좋아한다. 굳이 실패 확률이 높은 자리로 가서 그런 경험을 할 필요가 있을까?

요즘은 자리 선정 시 염두에 둬야 할 게 하나 더 있다. 바로 SNS. SNS에 잘 먹히는 상권을 선택하는 게 유리하다. 이거 중요한 포인트다. SNS에 올리려고 일부러 특정 매장을 방문하는 손님들이 생각보다 많다. 주객이 전도된 것처럼 보일지 모르지만, 이 또한 고객의 취향이고 변화이니 어떻게 대처하는 게 효과적일지 고민해볼 필요가 있다.

같은 돈을 써서 마케팅해도 효과는 상권마다 편차가 크다. 예를 들어 SNS에 마케팅했을 때 잘 먹히는 상권과 입지가 따로 있다. 특히 유행에 민감한 관광지 카페나 술집은 이 부분이 더 중요하다. 지금 내가 운영하는 카페나 술집이 그렇다. 바닷가 바로 앞이나 먹자거리 센터 제일 좋은 자리에 있다. 입지가 좋은 데다 SNS 입소문과 마케팅 효과까지 더해지니 장사가 잘될 수밖에 없다.

앞서 소개한 카페 대반동201은 목포의 유일한 해수욕장이었던 대반동 바닷가에 있다. 바다가 한눈에 들어오는 '뷰 맛집'이다. 목포대교 앞이라 야경도 예쁘다. 해가 지는 서쪽 방면이라 일몰 또한 기가 막힌다. 어느 곳에서 찍어도 사진이 잘 나온다. 세상 그 어떤 인테리어도 자연이 주는 아름다움을 이기지 못한다. 손님들의 자발적

손님들이 SNS에 올린 대반동201 후기

인 SNS 게시물이 홍보로 이어져 많은 사랑을 받는 카페로 자리매김했다.

베이커리 카페인 페어링은 목포에서 가장 번화가라 할 수 있는 평화광장에서도, 바닷가 바로 앞에 있다. 여기도 뷰 맛집으로 소문이 자자하다. 여기에 베이커리 명장이 매일 빵을 굽고 직접 정성스럽게 만든 음식이 가미되니 늘 손님들로 북적인다. 빵과 음식에 심혈을 기울였어도 여느 도심이나 아파트 단지 앞이었으면 결과는 달랐을지도 모른다. 유명해지는 데 시간이 좀 더 걸렸거나 지금처럼

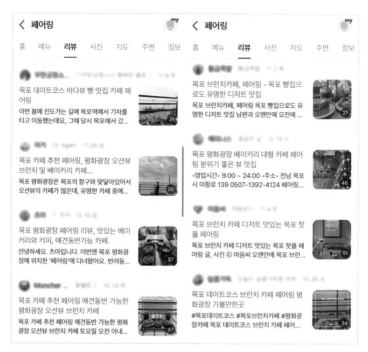

카페 페어링을 방문한 고객 리뷰

핫한 매장이 될 수는 없었을 것이다. 무엇보다 훌륭한 접근성과 바다가 바로 보이는 입지가 성공 요인이리라.

유달회관도 마찬가지다. 목포 중심가의 메인 자리에 새로 지은 건물의 최고 비싼 자리를 섭외했다. 유동 인구가 넘쳐나서 이른바 '로드 손님'도 많은 편인 데다 바닷가 근처라 관광객들로 붐빈다. 또한 주변에 술집 등 유흥거리가 있어서 2차 가는 사람들이 선호하는 등 여러 면에서 시너지를 낼 수 있는 자리다. 신축 건물에 위치까지 좋으니 근방에서 월세가 가장 비싸다. 그러나 난 그 위치가 너무나

공사를 완료하고 영업 개시한 유달회관 모습

맘에 든다. 무조건 권리금이 올라갈 자리이고 만약에 장사가 덜 되는 상황이 오더라도 언제든 팔고 나갈 수 있다.

물론 식당이나 주인마다 가격, 아이템, 서비스, 체험 등 필살기가 다를 수 있다. 그런데 맛만 있으면 된다고 생각하고 입지를 무시하는 경우가 적지 않다. 맛은 기본이고 여기에 자신의 강점을 살려서 차별성을 더하면 평균 이상의 성과를 낼 수 있다.

나의 강점은 입지, 좋은 자리를 간파하는 눈이다. 지금은 더군다나 홍보의 시대다. 노출이 곧 매출이 되는 세상이다. 이럴 때일수록 자리가 중요하다. 입지는 장사가 잘되어도 중요하고, 혹시나 안될 때도 중요하다. 실제로 장사가 안되어서 인테리어를 원상복구하고 나가는 경우를 종종 봤다. 난 단 한 번도 그런 적이 없다. 외식업을 하면서 양도·양수가 쉽지 않다고 하는데 난 여러 번 권리금을 받고 팔아봤다. 바로 매장의 '자릿발' 때문이었다. 어찌 보면 내게는 남들처럼 거창한 차별성은 없는지도 모른다. 그저 좋은 자리에서 열심히 장사하는 것이 차별성이라면 차별성이겠다.

나의 방식으로 나의 길을 가리라!

이 책을 집필하는 데 도움을 준 코치로부터 몇 가지 질문을 받았다. "손님에게 어떤 식당으로 기억되고 싶은가?" 처음 이 질문을 받고 좀 당황했다. 왜냐면 솔직히 단 한 번도 생각해본 적이 없었기 때문이다.

생존을 넘어 핫플레이스로

애초에 하나의 수익 사업으로 생각했고 아직까지는 다른 업종보다 기회가 더 많다고 판단해 외식업에 뛰어들었다. 그런 내게 앞의 질문은 스스로를 돌아보게 했다. 바로 얼마 전까지만 해도 '어떻게 하면 더 많은 수익을 낼까, 어떻게 하면 적절한 타이밍에 잘 넘길까?' 만 고민했으니 말이다.

지금까지 여러 식당과 카페 등을 오픈했는데, 항상 '돈'에 초점을 맞췄다. 처음에는 안 망하고 생존하는 게 큰 과제였다. 애써 모은 돈을 투자했고 같이 투자한 파트너, 함께 일하는 직원들의 생계가 달려 있기에 돈을 버는 구조를 만드는 게 최우선이었다.

부끄럽지만, 다시 한번 손님에게 어떤 식당으로 기억되고 싶은지 자문해본다. 그런데 생각해보니 '안 망하려면 어떻게 해야 하나?'와 비슷한 질문이다. 손님에게 좋은 기억으로 남아야 돈을 벌고 성장할 수 있을 테니 말이다. 어쨌든 이참에 그동안 고민해온 점들을 풀어보려고 한다.

대반동201의 메뉴판(위)과 선셋101 메뉴판(아래)

난 음식 전문가가 아니다. 장인정신을 음식에 쏟아 손

님을 끌어들일 기술이 없다. 나는 철저히 대중적인 음식점을 지향한다. 그래서 일단 '가성비'가 좋아야 한다. 다만 내가 생각하는 가성비는 단순히 가격이 싸고 양이 푸짐한 개념이 아니다. 일례로 대반동201은 커피가 6,000원이고. 선셋101이라는 '포차' 주점은 소주와 맥주가 6,000원이다. 내가 운영하는 고깃집은 이미 2019년에 공깃밥을 2,000원 받았다. 지방이라는 걸 감안하면 굉장히 비싼 금액이다. 고객 입장에서 이만큼 지불하고도 아깝지 않다면 가성비가 좋은 매장이다.

진정한 가성비란 단지 가격이 저렴한 것을 뜻하지 않는다. 가격 대비 가치가 크면 가성비가 좋은 거다. 요즘은 하나에 3만 원이 넘는 햄버거를 줄 서면서 먹는다. 먹고 나서 SNS에 올리는 이들이 많다. 비싼 음식이지만 자랑할 수 있으니 손님 입장에서는 그 비용을 지불할 만하다. 달리 말하면 어떤 매장이든 기꺼이 비용을 치를 만한 뭔가가 있어야 한다. 나는 매장을 이른바 '핫플레이스'로 만드는 걸 선호한다. 요즘 식으로 'MZ세대'를 겨냥한다고나 할까? '핫플'이 되어야 상대적으로 높은 값을 받을 수 있다. 고객으로서 아깝지 않게 지불할 만한 가치가 있어야 한다. 장소성으로 그걸 충족시켜주자는 얘기다. 일종의 '핫플 마케팅'이라 할 수 있겠다.

핫플 매장이 되는 방법

'핫플' 마케팅은 크게 두 가지로 나뉜다. 자발적으로 입소문이 퍼져서 뜨는 매장이 있다. 아마 가장 이상적인 경우가 아닐까 싶다. 두 번째는 준비 단계부터 핫플이 되기 위한 기획을 하는 경우다. 유명 인플루언서와 파워블로거 등 셀럽을 초청하고, 유튜브와 방송 콘텐츠도 기획 단계에서 준비해서 오픈 초기부터 이슈 몰이를 하는 것이다. 얼마나 오래 성장하느냐 하는 문제와는 별개로 최근 오픈한 서울을 비롯한 수도권의 유명 식당들은 거의 이 방법을 취하고 있다고 보면 된다. 철저히 전략적으로 기획하고 운영한다는 말이다.

혹자는 음식을 파는 식당에서 인위적인 기획은 별로라고 하는데, 난 전혀 그렇게 생각하지 않는다. 주변을 보라. 1년도 못 버티고 문을 닫는 식당, 심지어 시작도 제대로 못 하고 잊혀지는 식당이 부지기수다. 냉정하게 들릴지 모르지만, 한번 잊히면 끝이다. 그리고 기획한다고 다 잘되는 것도 아니다. 음식부터 서비스, 인테리어, 접근성, 고객 체험, 홍보 등의 합이 맞아야 가능한 일이다. 본질과 기획, 운영과 마케팅이 어우러질 때 진정한 핫플 매장이 될 수 있다.

나는 진심으로 내 매장이 손님들에게 핫플로 기억되길 바란다. 음식 맛이 전부가 아니다. 카페라면 메뉴와 함께 서비스와 위치, 특히 전망(뷰)이 좋아야 하고, 술집이나 식당이라면 맛과 위치에 더해 인테리어가 독특하고 차별적이어야 한다. 어떤 이유로든 손님들이 사진을 찍어 공유하기 바쁠 정도로 핫해야 한다. 시그니처 메뉴가

인스타그램에 올라온 테라스201 사진(왼쪽)과 손님으로 가득한 대양정 모습(오른쪽)

확실하고 '인스타 감성'이 묻어나야 한다. 음식도 손님이 사진을 찍지 않는 순간 도태된다. 이런 기준을 가지고 나는 핫플 매장을 만든다.

일단 입소문 나게 하는 데 공을 들인다. 적어도 처음엔 여기에 공력을 쏟는다. 이런 접근에 대해 기존 식당 분들은 어이없어할지 모르지만, 정답은 없다는 게 내 생각이다. 외식업에 대한 관점이 다를 뿐이다. 요즘은 트렌드가 급변하고 고객들이 금방 식상해하기 때문에 변화를 잘 포착하고 흐름에 적응할 필요가 있다.

내가 지향하는 프랜차이즈 경영 원칙

앞서 내가 운영하는 매장이 고객들에게 어떻게 기억되고 싶은지 말했다. 여기에 더해 1명의 외식인으로서 나의 꿈이랄까 지향점이 있다. 다점포를 넘어 프랜차이즈 사업에 대한 나름대로 비전과 원칙을 가지고 있다. 지금껏 한 번도 공개적으로 얘기해본 적이 없는데, 이 자리에서 한번 정리해보고자 한다.

처음 프랜차이즈 사업을 준비할 때부터 명심, 또 명심한 점이 있다. 그저 가맹점을 여럿 내서 내가 돈을 벌기보다 그 가맹점이 꼭 돈을 벌 수 있도록 하겠다고 것이다. 거창하게 들릴 수도 있는데, 이 한 가지를 사명으로 여기고 임했다. 가맹점의 성공이 곧 나의 성공이고 가맹점이 돈을 벌어야 나도 번다는 게 나의 일관된 믿음이다.

나는 얼마 전에 '하타네'라는 브랜드의 프랜차이즈 사업을 시작했다. 프랜차이즈를 창업한 건 아니고 이 프랜차이즈의 전라도 총괄지사를 맡고 있다. 이 글을 쓰고 있는 지금(2024년 9월 기준) 목포와 무암에 직영점 두 곳을 운영하고 있으며, 앞으로 본격적으로 사업을 확장해나갈 계획이다. 또한 나는 유달회관이라는 프랜차이즈 본사를 경영하고 있는 동시에 다른 프랜차이즈 업체의 가맹점주이기도 하다. 그렇다 보니 본사와 가맹점의 입장을 모두 깊이 이해하고 있고, 프랜차이즈의 장단점을 두루 알고 있다. 조금 조심스러운 얘기지만, 가맹점을 늘리는 데 치중하면서 정작 매장이 오픈하면 나 몰라라 하는 프랜차이즈 업체를 내 눈으로 여러 번 봤다. 나는 프랜차이즈 사업을 시작하면서, 속된 말로 적어도 그런 양아치는 되지 않겠다고 결심했다. 아니, 이들과 정반대로 해서 성공하고 싶었다. 이런 바탕에서 내가 프랜차이즈 사업을 하며 중점을 두고 있는 점을 몇 가지 소개하겠다.

첫째, 창업에 드는 비용의 거품을 뺐다. 나는 가맹점주들에게 이른바 '약을 팔지' 않는다. 온갖 감언이설로 현혹해서, 가령 가맹비를 면제해준다고 꼬시고 뒤로는 식재료비나 유통 비용, 인테리어 비용 등을 부풀려서 뒤통수를 치는 일부 업체들이 있는데, 나는 반대로 모든 정보를 투명하게 공개하고 점주가 스스로 선택하도록 하고 있다.

집기를 포함해서 인테리어 시공부터 완료까지 기본 견적을 제시하고 점주와 상의한다. 점주가 더 저렴하다고 생각하거나 함께하고 싶은 업체가 있으면 거기와 일하게끔 한다. 모든 정보를 공개하고 최선을 다해 조언하되 선택은 점주가 한다. 간단히 말하면, 프랜차이즈 본사가 이익을 취하는 중간 과정에서 거품을 걷어냈다.

둘째, 매장 입지를 선정할 때 점주와 함께 발품을 판다. 보통은 점주가 어디에 매장을 낼지 정하고 프랜차이즈 상담을 하러 온다. 본사 입장에서야 가맹점만 내주면 되지만, 나는 절대 그렇게 하지 않는다. 직접 가서 상권을 꼼꼼하게 분석한다. 그동안 벤치마킹을 다니며 키운 안목을 적극 활용하는 건 물론이다. 입지가 어느 정도 괜찮으면 다행이지만, 아니다 싶으면 가맹 승인을 내주지 않고 좋은 자리가 나올 때까지 함께 다닌다.

2023년에만 광주에 5개 매장을 오픈했는데 처음엔 점주들도 각자 염두에 둔 곳이 있었다. 그런데 실제 매장은 전부 다른 상권에 오픈했다. 이때도 더 좋은 입지를 찾으려고 점주들과 여러 곳을 다녔다. 한 점주는 광주에서 가장 핫한 곳에 매장을 내고 싶어 했다. 하지만 직접 가서 보니 투자비와 경쟁 상황 등을 고려할 때 득보다 실이 컸다. 대신 중심 상권은 아니지만 경쟁이 적고 비용 대비 실속 있는 자리를 찾아 성공적으로 매장을 오픈했다. 보통 프랜차이즈 업체들처럼 했으면 금세 가맹점을 늘려나갔겠지만, 나는 앞으로도 이 방식을 고수하려고 한다.

셋째, 철저한 가맹점 관리다. 나는 주기적으로 가맹점을 방문한다. 경험이 부족한 점주들의 매장은 오픈하고 나서 2주 넘게 지원하고 있다. 말이 쉽지, 본사 직원 2명을 매일 매장에 상주하다시피 지원하는 건 파격적인 조치다. 당장의 손익을 생각하면 할 수 없는 지원이다.

이 글을 쓰면서도 가맹점을 순회했다. 최소 1주일에 한 번은 방문한다. 프랜차이즈 업계에 밝은 이들은 그런다고 점주가 마음을 알아주겠느냐고 한다. 정말 그럴까? 나는 진심은 전해진다고 믿는다. 설사 그렇지 않다고 해도 이건 나 자신과의 약속이다. 프랜차이즈를 시작하면서 같이 일하는 사람 뒤통수치거나 제 배만 불려서 '프랜차이즈 하는 놈들' 같은 말을 듣는 일은 절대 하지 않겠다고 다짐했다. 지금도 제대로 프랜차이즈 사업을 하기 위해 밤낮을 고민한다. 가맹점의 성공이 바로 나의 성공이다.

나는 외식업 경력이 그리 길지 않다. 외식업에 처음 몸담고 성장해온 과정도 보통 외식인들과는 다른 편이다. 이 점이 약점으로 보일지도 모르지만 나는 동의하지 않는다. 오히려 그 점 때문에 새로운 관점과 창의적인 접근이 가능했고, 내 방식으로 지금까지 성장해올 수 있었다고 믿는다. 앞으로도 계속 공부하고, 벤치마킹도 열심히 하려고 한다. 동시에 나의 강점을 살리며 나만의 비전을 품고 독창적인 방식으로 사업을 일궈나갈 것이다.

only one

2부

외식업 핫 키워드
Q&A 30

- 온리원 식당에게 묻는다

4장

프랜차이즈 사업 편

배명덕 대표

Q1.
예비 창업자들이 프랜차이즈를 선택하는 이유는 무엇일까요?

사람들이 프랜차이즈를 선택하는 이유는 다양합니다. 이미 매장을 운영 중인 사람이 다점포 전략을 취하려고 프랜차이즈를 시작하거나, 외식업을 처음 시작하는 분이 위험을 줄이기 위해 관련 노하우를 보유한 프랜차이즈 업체를 선택하는 경우가 많습니다. 프랜차이즈는 조리와 운영, 노하우 등을 표준화했기 때문에 개인 창업보다 노동 강도가 줄어든다는 장점이 있습니다.

전체 프랜차이즈 창업에서 신규 창업이 70% 이상을 차지합니다. 예컨대, 퇴사하고 음식점을 열고 싶은데 외식업 노하우가 없으니 프랜차이즈에 가입하는 식입니다. 창업 노하우를 돈을 주고 사는 것입니다. 바꿔 말하면 좀 더 비용이 들어가더라도 검증된 아이템과 시스템으로 안전하게 장사를 하고 싶어서 프랜차이즈를 택하는 것입니다.

생각해보세요. 창업하려고 퇴직금을 비롯해, 있는 돈 없는 돈 다 끌어모으는 경우가 태반입니다. 보통 적어도 1~2억은 투자해야 창업할 수 있지요. 서민들에겐 엄청나게 큰 돈입니다. 경험 없는 사람에게는 모험입니다. 어떻게 쉽게 시작할 수 있겠어요! 아마 누구라도 어느 정도 검증이 되고 성공 사례가 많은 것을 하고 싶을 겁니다. 그리고 대부분 나이가 있다 보니 다른 식당에 취업해서 바닥에서부터 배우기가 쉽지 않습니다. 설사 취업한들 그쪽에서 핵심 레시피나 운영 노하우를 그냥 알려줄 리도 없고요. 혼자 알아서 해야 합니다.

예를 들어보겠습니다. 예비 창업자가 어깨너머로 우리 오유미당의 대표 메뉴인 돈가스와 쌀국수 레시피를 배운다고 가정해보지요. 얼마나 오래 일하면 우리 집만의 노하우를 체득할 수 있을까요? 1년을 일한다고 배울 수 있을까요? 그동안 어렵게 돈가스 관련 기술을 배웠다고 가정해도 쌀국수는 또 별개입니다. 이 역시 핵심 기술을 배우는 데 상당 시간이 걸립니다. 돈을 주고 정식으로 배운다면 최소 1,000만 원 이상 지불할 각오는 해야 합니다. 어떤 음식이나 메뉴든 마찬가지입니다.

그에 비해 프랜차이즈는 확실히 장점이 있습니다. 핵심 경쟁력이 있는 탄탄한 본사를 잘 고르고, 예비 창업자가 바른 태도로 열심히 본사에서 교육한 매뉴얼대로 한다면 창업 준비와 핵심 기술 습득에 걸리는 시간을 크게 줄일 수 있습니다. 개별적으로 배우는 데 몇 년이 걸릴지도 모르는 노하우를 일주일 정도의 본사 교육을 통해서 익힐 수 있습니다. 체계적인 매뉴얼을 통해서 효과적인 조리 기술과 운영 방법을 배울 수 있습니다. 아울러 서비스 교육, 회계 교육, 체계적인 물류 시스템, 편리하게 가공된 원재료 등도 예비 창업자들이 개인 창업보다 프랜차이즈를 선택하는 주된 이유입니다.

프랜차이즈를 선택하는 또 다른 이유는 식당을 오픈했을 때 바로 매출이 발생할 가능성이 크기 때문입니다. 프랜차이즈 브랜드의 힘 덕분입니다. 물론 프랜차이즈 본사가 일정 수준의 브랜드파워를 갖기까지 투자와 시간이 필요합니다. 고객들은 브랜드파워를 갖춘 프랜차이즈를 선호합니다. 이제 막 오픈한 매장도 간판만 보고 고민 없이 제품을 구매합니다. 파리바게뜨나 배스킨라빈스 같은 대형 프랜차이즈가 그렇습니다. 브랜드파워 덕분에 신규 매장도 기본 매출이 보장되는 것이죠. 저도 지인에게 생일 선물 등을 할 때 이 두 곳을 종종 찾습니다. 맛과 서비스가 어느 정도는 검증되어 있고 집 가까이에 매장이 있어 이용하기 편하거든요.

창업이란 곧 도전입니다. 도전은 모험이며 모험에는 위험이 따릅니다. 그래서 다들 두려워하는 것입니다. 두려움을 느끼는 가장 큰 이유는 경험이 없기 때문입니다. 제가 처음 족발집을 오픈할 때 전수 창업*을 했던 이유도 그렇습니다. 레시피부터 주방 집기, 주방 동선, 운영 방법, 물품 거래처에 이르기까지 족발에 대해 아는 게 너무

* 해당 분야에서 성공한 전문가로부터 기술과 노하우를 전수받아 창업하는 방식. 지도는 일회적이며 창업 후에는 독자적으로 경영하게 된다.

프랜차이즈 박람회에서 상담 중인 모습

없었습니다. 족발집을 정말 빨리 시작하고 싶었지만, 그 많은 노하우를 배우려니 시간이 필요하더군요. 프랜차이즈를 선택하면 비교적 체계적이고 빠르게 필요한 노하우를 손에 넣을 수 있습니다. 물론 그만큼 돈이 들어갑니다. 신뢰할 수 있는 프랜차이즈 업체를 신중히 골라야 합니다. 본인이 최선을 다해 배우고 열심히 해야 하는 건 기본이고요. 아무리 좋은 프랜차이즈 업체라고 해도 장사를 대신 해주는 건 아니라는 점을 명심해야 합니다.

Q2.
프랜차이즈 가맹점과 내 브랜드를 운영할 때 각각의 장점과 단점은 무엇인가요?

건실한 프랜차이즈 업체라는 전제하에 가맹점 운영에는 여러 장점이 있습니다. 우선 본사에서 제공하는 완성된 비즈니스 모델로 운영하기 때문에 고객에게 안정적인 서비스와 제품을 제공할 수 있습니다. 가맹점은 검증된 모델로 사업을 시작하므로 경험 없이 혼자 시작할 때보다 위험도가 적습니다.

두 번째 장점은 브랜드 신뢰도입니다. 브랜드가 확고하게 구축된 프랜차이즈는 많은 고객에게 신뢰감을 줄 수 있습니다. 가맹점은 따로 브랜드를 알리는 데 필요한 노력을 어느 정도나마 줄일 수 있지요. 이미 시장에서 친숙한 브랜드로 자리 잡은 상태이기 때문입니다. 식당 문을 열 때 홍보와 마케팅에 드는 돈과 시간을 감안하면 이 또한 큰 짐을 덜고 출발하는 겁니다.

세 번째는 교육 및 운영 지원 체제입니다. 가맹점은 본사로부터 매장 운영에 필요한 교육과 훈련을 받을 수 있습니다. 본사는 제품과 서비스, 마케팅 등 관련 지식과 노하우를 제공합니다. 가맹점이 잘되어야 본사도 잘되는 구조이다 보니 이러한 지원은 필수입니다.

네 번째는 상품 개발에 대한 지원입니다. 새로운 제품이나 서비스를 빠르게 도입함으로써 매출을 유지하고 시장 변화에 대응할 수 있습니다. 오유미당 역시 매년 신제품을 내놓는데요. 신제품 출시로 시장 변화에 대응하고, 때로는 시장을 이끌어나갈 수 있습니다. 이를 통해 고객 만족도 또한 높일 수 있어요.

이 세상 모든 일에는 양면이 있는 법입니다. 빛이 있으면 어둠이 있듯이, 프랜차이즈 가맹점도 몇 가지 불리한 점을 감수해야 하지요. 첫 번째는 비용입니다. 외부 업체에서 완성한 모델을 가져오기에 초기 비용이 높을 수 있습니다. 여기에 광고비, 로열티 등 지속적인 투자가 요구됩니다.

두 번째 단점은 제한적인 운영 체계입니다. 가맹점은 본사의 가이드라인과 절차를 따라야 하기에 자기 브랜드로 식당을 할 때보다 운신의 폭이 좁을 수 있습니다. 상품, 가격, 디자인, 프로모션 등 다양한 요소 결정에 영향을 받습니다.

세 번째는 계약 기간입니다. 가맹점 계약은 일정 기간 의무적으로 지켜야 하는 법적 약속을 포함합니다. 만약에 계약 기간 중 약속을 어기거나 폐업을 하게 되면 법적으로 문제가 발생하거나 손해 배상을 해야 할 수 있습니다.

넷째, 가맹본부의 실패 또는 브랜드 이미지 손상으로 악영향을 받을 수 있습니다. 가맹점주 본인의 뜻이나 책임과는 상관없이 본부의 사업이 실패하거나 한 가맹점에서 문제가 발생했을 때 전체가 영향을 받을 수 있습니다.

이처럼 프랜차이즈 사업에는 장점과 단점이 상존합니다. 따라서 프랜차이즈 가맹점을 염두에 두고 있다면 이들을 모두 고려해야 합니다. 자신의 강점과 전략, 자금 상황, 가맹본부의 경영 철학과 비즈니스 방식 등 다양한 면을 철저하게 확인한 후 결정해야 합니다. 이제 프랜차이즈가 아닌 독자적으로 브랜드를 운영할 때의 장단점을 살펴보지요.

첫 번째는 본인의 능력을 십분 발휘해 차별화된 경험을 제공할 수 있다는 점을 꼽을 수 있습니다. 개인 식당은 주인이 직접 운영하기 때문에 고유한 경험을 제공하고, 고객에게 기억에 남는 서비스를 제공할 수 있습니다.

두 번째는 수익 마진인데요. 개인 브랜드는 상황에 따라 다르겠지만 본인의 노력과 역량이 받쳐준다면 비용을 줄여서 마진을 더 높일 수 있습니다. 가령 프랜차이즈보다 물류비용이 낮을 수 있고 로열티 비용이 없으며 초기 비용 또한 줄일 수 있으니까요.

세 번째는 고객과의 밀접한 관계입니다. 개인 브랜드는 고객에게 특별한 경험을 선사하거나 만족스러운 품질을 제공하면 고객의 충성도가 높아집니다. 그에 따라 자연스레 재방문이 이어지고 고객과 유대감도 키울 수 있답니다.

마지막으로는 자율성이 보장된다는 점도 장점입니다. 자체 브랜드는 상품, 가격, 마케팅, 운영 관리 등 다양한 측면에서 본인이 주도적으로 변화를 주고 개선하는 작업이 가능합니다. 한마디로 자율적으로 식당을 운영할 수 있지요. 의사 결정도 신속하게 할 수 있어 메뉴 변경 등 개선 사항을 빠르게 반영할 수 있습니다.

홀로 식당을 운영하는 일에는 이러한 장점과 더불어 단점도 따릅니다. 가장 먼저, 이미 시장에 안착한 대형 브랜드에 비해 음식의 품질이나 서비스를 알리는 데 많은 시간과 노력이 필요합니다. 바꿔 말하면 고객들의 마음에 들어가기까지 오랜 시간이 걸린다는 것입니다.

두 번째로 모든 걸 본인이 다 해야 합니다. 상호부터 레시피, 인테리어, 주방 집기와 동선, 가격, 마케팅, 브랜드 콘셉트, 신제품 출시에 이르기까지 주인인 내가 책임지고 진행해야 합니다. 말이 쉽지, 엄청난 시간과 돈이 들어가는 일입니다. 그렇게 해도 성공한다는 보장도 없고요. 초보 사장이라면 더 말할 것도 없겠지요.

마지막으로 초보 창업자에게 식당 경영은 시쳇말로 맨땅에 헤딩하는 것과 같습니다. 대부분 초보 창업자들은 본인이 음식을 좋아하거나 지인의 권유로 시작하는 경우가 많은데요. 현실을 잘 파악해야 합니다. 집에서 가족을 위해 3~4인분씩 하는 요리와 불특정 다수를 위해 100인분 이상의 음식을 만드는 건 달라도 너무 다릅니다. 식당 경험이 없다면 실패할 확률이 매우 높습니다. 프랜차이즈도 물론 쉽지 않지만 개인 식당은 정말이지 신중하게 계획하고 실행해야 합니다.

예비 창업자가
올바른 프랜차이즈를
선정하는 방법이 궁금합니다

올바른 프랜차이즈 업체를 선정하려면 피해야 할 곳부터 가려낼 필요가 있습니다. 인간관계에서도 피해야 할 유형을 알면 불필요한 관계를 만들지 않을 수 있습니다. 주변에 좋은 사람이 남아서 좋은 인연을 될 확률이 점점 높아집니다. 같은 이치로 올바른 프랜차이즈를 선택하려면 일단 피해야 할 프랜차이즈부터 하나씩 제거해나가야 합니다. 그래야 비로소 건강한 프랜차이즈가 눈에 들어오기 시작합니다.

첫째, 객관적인 근거 없이 고수익 보장과 대박을 말하는 프랜차이즈는 피해야 합니다. 프랜차이즈 본사의 광고를 보거나 상담을 해보면 "가맹점을 오픈하면 무조건 대박이 난다." "무조건 줄 선다." "웨이팅 보장한다." 이런 말로 현혹하는 업체들이 있습니다. 누가 이런 말에 속을까 싶지만 초보 예비 창업자와 매출이 저조한 상황에 있는 기존 창업자는 달콤한 유혹에 혹하기 쉽습니다. 과대광고인지 아닌지 프랜차이즈 본점이나 직영점 혹은 가맹점을 수시로 방문해서 팩트 체크를 해야 합니다. 평균적으로 웨이팅이 얼마나 걸리는지 살펴보고, 음식도 먹어보면서 정말 근거 있는 말인지 확인해보아야 합니다. 분석하고 창업을 결심해도 늦지 않습니다.

특정 프랜차이즈에 관심이 있다면, 그곳에서 판매하는 메뉴 원가표와 실제 매출, 주변 상권 매출을 확인해봐야 합니다. 정확한 수치는 못 내더라도 최대한 꼼꼼하게 분석해야 합니다. 가정에서도 월급을 받으면 나갈 돈을 하나하나 체크합니다. 공과금, 식비, 교육비 등 생활비를 확인하고 저축 액수 등을 조정해서 살림해나가듯이 앞으로 내가 경영할 매장에 대해서도 기본적인 운영 비용을 알아야 합니다. 가맹본부에서 말하는 매출이 월 5,000만 원이라면 여기에서 재료비, 인건비, 월세. 관리비 등 기본 비용을 제외하고 수익률을 산정해봐야 합니다. 매출이 아무리 높더라도 비용이 크면 수익이 떨어질 수밖에 없습니다. 프랜차이즈 창업의 가장 중요한 포인트 가운데 하나는 매출 대비 수익률임을 기억해야 합니다.

관심 있는 상권의 프랜차이즈 지점을 하나 정해서 시간대별로 드나드는 고객의 수를 확인해 보는 것도 좋은 방법입니다. 점심 시간대인 오전 11시~오후 1시, 저녁 6~8시의 고객 수를 평일과 주말, 나이, 성별에 따라 구분하고, 메뉴 가격과 테이블 수를 고려해서 매출을 추정해볼 수 있습니다. 근무하는 직원, 즉 홀과 주방의 직원이 몇

명인지도 살펴봅니다. 알바몬 등 직원 공고 사이트에 들어가면 해당 지역의 월급, 연봉, 시급 시세를 알 수 있으니 합산해서 인건비를 계산해보는 것도 좋습니다.

둘째, 정보공개서가 없거나 부실한 프랜차이즈 본사는 조심하세요. 정보공개서는 일종의 브랜드 이력서라고 볼 수 있습니다. 프랜차이즈 본사는 일반 가맹 현황, 가맹 사업 현황, 영업 활동에 대한 조건 및 제한 등이 담긴 정보공개서를 가맹 희망자에게 의무적으로 제공해야 합니다. 집을 살 때도 등기부 등본을 떼서 소유주와 매매 이력 등을 확인·검증하듯이, 앞으로 내가 운영할 매장도 꼼꼼하게 따져야 합니다. 정보공개서 확인은 해당 프랜차이즈가 법적으로나 사회적·도덕적으로 문제가 없는지를 살피는 일차적 검증 과정입니다. 정보공개서는 공정거래위원회 공식 홈페이지에 접속하면 열람할 수 있습니다.*

세 번째로 피해야 할 업체는 너무 많은 비용을 공제해주는 프랜차이즈입니다. 세상엔 공짜가 없습니다. 무료라는 말을 그대로 믿는 건 금물입니다. 누구나 창업 비용을 줄이고 싶어 합니다. 이왕이면 저렴하게 하길 바라지요. 가맹비와 교육비를 무료로 해준다는 말에 '비용을 크게 줄일 수 있겠구나' 생각하고 덜컥 계약하는 경우가 종종 있는데 위험합니다. 거듭 말하건대 세상엔 거저 얻을 수 있는 게

---

* 가맹 사업 거래의 공정화에 관한 법률 시행령 제5조의 4 제3항에 따라 개인 정보와 영업 비밀에 관한 사항을 제외한 내용을 볼 수 있습니다.

없습니다. 가맹비가 무료인 대신 인테리어 평당 비용을 10만 원씩 올린다든지 물품대, 주방 설비 등 기본 설비 외에 추가 비용을 요구할 수도 있습니다. 뭔가를 많이 공제해주고 다른 항목에서 그 비용을 메꾸는 업체가 적지 않습니다. 배보다 배꼽이 더 클 수 있으니 반드시 들어가는 비용 항목을 정확하게 확인해야 합니다.

넷째, 브랜드가 너무 많은 프랜차이즈입니다. 특정 프랜차이즈가 시장에서 하나의 브랜드로 자리 잡는 데는 아무리 짧게 잡아도 1~2년 이상이 소요됩니다. 갑자기 매장의 수가 급속도로 늘어나는 프랜차이즈가 있는데, 사업이 잘되어서 그런가 보다 싶을 수 있지만, 속내를 들여다보면 짐작과는 딴판인 경우가 드물지 않습니다. 가령 가맹점들이 너무 빨리 늘어나서 관리가 안 되는 상황도 있습니다. 기존 브랜드 관리가 부실해서 가맹점주들이 피해를 보는데도 계속 새로운 브랜드를 만들어서 매장 수를 늘리는 데 치중하는 곳이 의외로 많습니다. 이런 프랜차이즈는 유행에 편승해서 잠깐 반짝할 순 있지만 오래가는 경우가 드뭅니다. 무리한 사업 확장으로 투자금과 인력이 달리면서 부실해지기 쉽습니다. 가맹점주 입장에서 보면 본사의 브랜드 이미지가 곧 내 매장의 운명이나 마찬가지입니다. 장기적으로 보고 하나의 브랜드를 운영하더라도 탄탄하게 운영하고 상생하는 프랜차이즈가 좋습니다.

다섯째, 직영점 운영 경험이 부족한 프랜차이즈는 고를 때 신중해야 합니다. 외식업계에 몸담은 사장들 중에 프랜차이즈 경영의 꿈을 가진 이들이 상당히 많습니다. 식당을 운영하다 보면 음식이 맛

있다며 체인점 문의가 들어오거나 단골 고객들이 체인점을 내고 싶어 할 수 있습니다. 이를 계기로 얼떨결에 프랜차이즈 사업을 시작하지요. 그런데 음식 만드는 노하우만으로는 전국으로 프랜차이즈를 확장하기가 쉽지 않습니다. 음식 레시피부터 원재료 보관, 배송, 운영 시스템, 브랜딩에 이르기까지 시스템을 체계적으로 관리할 역량이 필요합니다. 하나의 식당을 프랜차이즈 사업으로 확장하는 데는 결코 적지 않은 자금과 시간이 투입되며, 그 과정에서 수많은 어려움과 만나게 됩니다. 이를 극복할 역량을 갖추지 못한 업체는 피해야 합니다.

기획형 프랜차이즈 형태로 사업을 시작하는 업체도 있습니다. 예를 들어 처음부터 가맹점 100개 오픈을 목표로 잡고, 직영점 설립과 함께 체인점을 모집합니다. 동시다발적으로 가맹점주를 모집하는 겁니다. 사업 확장을 위해 가맹점 개설에만 치중하다 보면 십중팔구 한계에 부딪힙니다. 속이 텅텅 비어버린 공갈빵처럼 되어버리고 말아요. 기반과 역량이 약하기 때문입니다. 사업성이 검증되지 않으면 아무리 좋은 아이템이라도 화려한 꽃다발이 금방 시들어버리듯 실패할 가능성이 높습니다. 반대로 직영점을 오래 운영하며 노하우와 철학, 브랜딩을 확실히 정립했다면, 프랜차이즈 시스템도 튼튼하고 오래가는 브랜드로 키워낼 확률이 상당히 높습니다. 그러므로 기획형 프랜차이즈 업체라면 직영점 운영 기간과 운영 상태를 제대로 살펴본 뒤 가맹을 결정하는 게 바람직합니다.

여섯째, 가맹점 수가 너무 많거나 반대로 너무 적은 프랜차이즈

창업비용
Start-up cost

시설 투자비 및 산출 금액 (15평 기준)

구 분	내 역	비 용 (단위 : 만원 / 부가세 별도)
가맹비	가맹비	500
교육비	매장운영 교육 및 조리법 노하우	500
인테리어	본사시공	180 (평당)
주방기물 / 주방도구 / 그릇 / 테이블 / 의자	매장규모에 따라 변동가능	2,500
메인간판 / 사인물 / 메뉴판	매장운영에 따라 변동가능	500
유니폼 / 온라인광고	매장운영에 따라 변동가능	200
합계금액		**6,900**

*위 인테리어 비용은 예상비용으로 현장 실측 후 정확한 비용이 산출됩니다. 매장상황에 따라 인테리어 및 간판, 주방시설 등은 변동 될 수 있습니다.

별도항목
- 철거, 전기증설, 테라스, 샷시, 어닝, 외장공사(파사드,갈바), 추가간판
- 가스설비, 상하수도유입공사, 화장실, 음향, cctv
- 덕트, 냉난방기, 소방시설, 인허가, 포스, 키오스크(렌탈), 인테리어 소품, 추가비품 등
- 초도 물류비 (약 500만원)
- 로열티 30만원 (부가세 별도)
- 인테리어 감리비 (인테리어 직접 시공 시 감리비 발생)

오유미당은 홈페이지에 창업 비용을 투명하게 공개하고 있다.

는 유심히 살펴봐야 합니다. 기존 가맹점 수가 많으면 신규 매장 개설이 어렵거나, 매장을 내도 좁은 상권에서 상대적으로 치열하게 경쟁해야 할 수 있습니다. 본사가 수익원을 찾으려 사업 다각화와 브랜드 개발에 집중하면서 기존 브랜드 관리에 소홀할 가능성도 있고요. 구체적으로 얘기하면, 가맹점이 너무 많으면 신규 가맹점을 오

픈할 여지가 줄어듭니다. 상권이 포화상태가 되어 가맹점 유치가 어려워지는 것입니다. 본사 입장에서는 새 브랜드를 론칭해서 수익을 창출하려고 할 수밖에 없습니다. 여기에 집중하다 보면 아무래도 기존 브랜드의 관리와 지원에 소홀해질 수 있어요.

반대로 가맹점 수가 너무 적은 프랜차이즈는 어떨까요? 규모가 작은 프랜차이즈는 물류나 교육 등 관련 시스템이 미비하거나 작동하지 않을 수 있습니다. 가맹점 수가 적다고 해도 기본적으로 관리에 들어가는 고정비가 있기 때문에 갑작스러운 경기 변동이나 위기 상황에 직면하면 본사가 문을 닫을 수도 있습니다. 그래서 적정 규모의 프랜차이즈가 오히려 성장 기회가 크면서도 안전할 수 있습니다.

대표님의 프랜차이즈 사업이 빨리 자리 잡은 비결은 무엇인가요?

식당에서 가장 중요한 건 뭐니 뭐니 해도 음식입니다. 맛은 기본이고 콘셉트가 중요합니다. 맛과 콘셉트가 준비되면 결과로 증명해야 합니다. 결과는 바로 매출입니다. 온종일 줄 서는 가게라면 누가 뭐라 하든 음식의 맛과 콘셉트가 모두 증명된 셈이지요.

오유미당을 열었을 때 차츰 입소문이 났습니다. 1년 내내 손님들이 줄을 섰습니다. 손님들은 번호표를 받고 대기했으며, 뜨거운 한여름에도 줄은 줄지 않았습니다. 시간이 지날수록 단골손님과 충성고객 등 손님층이 다양해지고 많아졌습니다.

그런데 어느 날인가 단골손님 한 분이 가게를 찾아와서 제게 말하더군요. "사장님, 저도 오유미당을 하고 싶어요." 처음엔 당황스럽고, 솔직히 천신만고 끝에 익힌 나만의 노하우를 다른 사람에게 알려주면 손님을 빼앗는 경쟁 상대가 될 것 같아 망설였습니다. 장사가 잘되어 바쁜 상황이라 다른 데 신경 쓸 여력도 없었고요. 하지만 계속되는 손님들의 가맹 문의에 마음을 고쳐먹었습니다. 고민 끝에 프랜차이즈를 하기로 결정했지요.

1년 후 첫 번째 가맹점을 오픈했습니다. 1호점 주인은 일주일에 한 번씩 우리 가게에 오던 단골이었고 그동안 계속 매장을 내고 싶다는 얘기를 했었습니다. 말뿐이 아니었어요. 본인은 물론 딸과 사위까지 찾아와서 창업에 대한 의지를 보여주었습니다. 다만, 입지는 조금 고민이 필요했습니다. 매장이 들어설 곳의 상권 분석을 해보니 아파트 뒤편이라 불리했습니다. 고심 끝에 어렵게 매장을 열었는데 다행히도 결과가 좋았습니다. 모두 열심히 한 덕분에 사람들이 줄을 서면서 감당하기 벅찰 정도로 바빠졌습니다. 당연히 매출도 잘 나왔고요. 그 후 입소문을 타고 오픈하는 매장마다 사람들이 줄을 서게 되었습니다.

손님들이 늘수록 전국에서 가맹 문의가 쇄도했습니다. 특히 제가 직접 운영하는 오유미당 본점에 오던 손님들이 점주가 되는 경우가 많았습니다. 일단 음식이 너무 맛있고 메뉴 구성도 좋고 인테리어도 예뻐서 창업을 결심했다고 다들 입을 모았습니다.

정리하자면, 오픈하는 곳마다 줄 서는 식당을 만들었고 오랜 고객들이 점주가 되었다는 점이 오유미당이 프랜차이즈 업계에서 빨리 자리 잡은 이유입니다.

하나의 식당을 프랜차이즈 사업으로 확장하는 데는 여러 요인이 작용합니다만, 그중 대표의 실력과 살아온 삶을 빼놓을 수 없겠습니다. 실력이야 당연히 중요하겠지만 대표의 삶을 왜 이야기하는지 의아할 수도 있을 겁니다. 이유가 있습니다. 대표가 인생을 바르게 살았으면 주변 지인들이 그와 같이 사업을 하고 싶어 합니다. 믿을 수 있으니까요. 사업은 혼자 할 수 없으므로 본인이 매력적인 사람이 되어야 합니다. 진정성 있고 신뢰할 수 있고 도덕적으로 문제가 없어야 합니다. 아무리 내 아이템이 좋더라도 주변 평판이나 도덕적으로 문제가 있으면 사업 확장은 어렵습니다. 사업에서 가장 중요한 것은 믿음과 신뢰입니다.

앞서 언급했듯이 주변 지인들이 오유미당을 창업하고 싶어 했습니다. 제가 하는 모습을 지켜보다가 잘되니 하나둘 연락을 해왔고, 지인의 친구까지 소개받곤 했습니다. 2023년 10월까지 80여 개 가맹점을 오픈했는데 10개 이상이 지인 매장입니다. 물론 지인이 문의하면 부담이 됩니다. 사적인 관계였다가 본사와 가맹점 대표로 만나게 되니 분명 서운한 일이 생길 수 있거든요. 그래서 여러 번 신중하게 생각하라고 합니다. 그래도 하겠다면, 진짜 목숨 걸고 열심히 해야 하며 무엇보다도 본사를 믿어야 한다고 얘기합니다. 프랜차이즈를 고를 때는 신중해야 하지만, 일단 선택했으면 본사의 시스템과 지침을 믿고 충실히 따라야 합니다. 이 정도만 해도 평균 이상의 성과를 낼 수 있습니다.

손님들의 신뢰를 높이는 매장 운영 노하우를 알고 싶어요

음식점 운영에서 고객과 신뢰를 쌓는 일은 굉장히 중요합니다. 여기에는 음식의 품질, 고객 서비스, 위생, 인테리어, 마케팅, 리뷰 관리 등 다양한 요인과 활동이 영향을 미칩니다. 그만큼 만만치 않은 일이고, 그렇다고 다른 누구에게 맡기기도 어렵습니다. 식당 사장이 주체적으로 섬세하게 접근해야 하지요.

예나 지금이나 음식은 고객이 다시 방문하게 만드는 결정적인 요인입니다. 그러므로 신선한 재료를 사용하고 맛있는 메뉴를 제공해야 합니다. 특히 프랜차이즈라면 전국 매장이 동일한 맛을 구현할 줄 알아야 합니다. 프랜차이즈 운영에서 가장 어려운 점이 바로 이것입니다. 기본적으로 요리는 로봇이 아닌 사람이 관여하다 보니 조금씩 맛이 다를 수밖에 없습니다. 그래서 오유미당은 슈퍼바이저가 매장을 방문해 항상 맛을 체크합니다. 거듭 강조하건대, 동일한 맛을 유지하는 것이야말로 가장 까다로우면서도 중요한 일입니다. 식당 사장이라면 드라마처럼 '장금이'가 되어 매일 자기 음식을 먹어보고 맛을 점검해야 합니다.

다음은 고객을 대하는 서비스 품질입니다. 아무리 음식이 맛있어도 직원들이 불친절하면 재방문율이 급격하게 떨어집니다. 요컨대 서비스가 형편없으면 다시는 방문하지 않습니다. 반대로 친절한 직원이 효율적이고 센스 있는 서비스로 고객의 니즈를 충족해준다면 다시 그 매장을 찾을 확률이 높습니다. 좋은 서비스는 고객과의 유대감과 신뢰를 높여줍니다.

서비스에서 기본 중의 기본은 인사입니다. 제 경험으로는 인사만 잘해도 반은 먹고 들어갑니다. "어서 오세요. 오유미당입니다." "안녕히 가세요. 감사합니다." 이런 인사가 당연하고 쉬워 보일지 모르지만, 매일 모든 고객에게 한결같이 하기란 만만치 않습니다. 그래서 습관이 될 정도로 노력해야 합니다. 또한 고객의 컴플레인(불평불만) 처리를 잘해야 합니다. 먼저 손님 얘기에 귀 기울이는 게 포인트인데요. 우리 입장을 전할 때도 먼저 경청하고 난 뒤 해야 합니다. 잘 듣고 친절하게 답해야 합니다.

사람을 처음 봤을 때의 첫인상이 관계에서 중요한 것처럼 고객 관점에서 보면 매장의 외관이나 분위기가 가장 먼저 눈에 들어옵니다. 따라서 적절한 음악과 따뜻한 조명, 깔끔한 외관 등이 긍정적인 효과와 신뢰감을 줄 수 있습니다. 더불어 매장 내에 홍보물을 부착

고객들에게 오유미당의 강점과 차별성을 알리기 위해 노력하고 있다.

할 때 메뉴와 가격뿐만 아니라 재료에 대한 설명과 알레르기 정보 등을 명확하게 전하면 고객은 우리를 더 신뢰할 수 있을 것입니다.

오프라인 외에 온라인을 통해 신뢰를 쌓아가는 것도 하나의 방법 입니다. 효과적인 온라인 마케팅 전략은 음식점 성공에 큰 도움이 됩니다. 각종 SNS, 할인 프로모션, 배달앱, 지역 이벤트 등을 활용하 여 고객을 끌어들이고, 고객이 작성한 리뷰를 관리하는 일도 매장의 신뢰성을 결정하는 중요한 요소입니다. 의외로 고객의 리뷰에 무신 경한 업체들이 적지 않습니다. 별거 아닌 듯해도 많은 잠재 고객들 은 어떤 식당에 갈지 말지 결정할 때 이용 고객들의 반응을 참고합 니다. 이 점을 잘 알기에 오유미당은 고객의 부정적인 피드백에 대응 하고 문제를 신속히 해결하고자 애쓰고 있습니다. 긍정적인 피드백 에도 감사의 말을 전하며 고객과의 관계를 유지하려고 노력합니다.

오유미당의 매장 디자인 특징은 무엇인가요?

식당 인테리어는 여러 면에서 중요합니다. 고객에게 긍정적인 경험을 제공하고 브랜드 이미지를 형성하며 고객의 충성도를 높이는 데 영향을 주기 때문이지요. 식당의 매출을 좌우하는 요소는 여러 가지인데, 그중에서도 인테리어의 역할을 무시할 수 없습니다. 아니, 과거에 비해 점점 더 그 중요성이 커지고 있답니다.

식당의 인테리어 디자인은 고객의 경험에 큰 영향을 미칠 수 있습니다. 편안하고 아늑한 분위기는 고객이 편안하게 식사를 즐길 수 있게 합니다. 긍정적인 느낌을 주고, 고객이 더 오래 머물게 하며 재방문을 유도할 수 있습니다.

오유미당은 매장을 디자인할 때 화려함보다는 편안함에 초점을 맞춥니다. 제 경험과 전문가의 조언을 바탕으로 고심 끝에 화이트와 우드로 정했습니다. 이에 맞춰 매장의 벽과 외관은 아이보리 색으로 마감하고 등나무로 엮은 모양의 라탄(rattan) 조명을 썼습니다. 매장 테이블은 상판은 우드, 다리는 화이트 컬러로 장식했습니다. 인테리어에 공을 들인 덕분인지 가맹 문의를 하는 분들이 늘 이야기하더군요. "인테리어가 예뻐서 처음부터 호감이 갔어요." "처음에는 카페인 줄 알았어요." "매장이 너무 예뻐서 빵집인 줄 알았어요." 이런 얘기를 많이 들었습니다. 여기서도 매장 디자인이 그만큼 브랜드에 긍정적인 영향을 미친다는 점을 확인할 수 있습니다.

인테리어 디자인이 좋으면 가게 자리 얻기도 편합니다. 대부분 건물주는 같은 조건이면 깔끔한 매장이 들어오길 바랍니다. 돈가스 집이라고 하면 처음엔 좋아하지 않다가도 실제 매장 모습을 보여주면 흔쾌히 승낙하는 경우가 많았습니다.

매장 안팎의 모습은 브랜드 이미지를 전달하는 중요한 매개입니다. 고객들이 브랜드를 인지하고 기억할 수 있도록 해주거든요. 보기에 좋은 떡이 먹기도 좋은 법이잖아요. 매장 디자인이 마음에 들면 사람들은 인스타그램과 같은 소셜 미디어에 식당 사진을 적극적으로 공유합니다. 소셜 미디어에 노출되면서 자연스레 홍보 효과가 생깁니다. 더 많은 고객이 식당을 찾게 되는 것이지요.

이게 다가 아닙니다. 깔끔하고 편안한 인테리어는 생산성도 높여줍니다. 일하는 직원들은 누구나 동선이 효율적이고 잘 정돈된 매장을 선호합니다. 식당 일은 노동 강도가 세기 때문에 이직률이 높기로 유명한데요. 비슷한 조건이라면 쾌적하고 근무하기 편한 공간에서 즐겁게 더 오래 일할 수 있습니다. 좋은 인테리어는 이직률을 낮추는 데도 도움이 됩니다. 식당 인테리어를 디자인할 때는 브랜드, 분위기, 고객층, 음식 종류 등을 고려해야 합니다. 다음을 참고하기 바랍니다.

첫 번째는 매장 분위기와 콘셉트입니다. 일반적으로 식당 인테리어는 특정 분위기와 콘셉트를 반영하려는 경향이 있습니다. 세련된 스타일, 복고풍, 인스타 감성, 자연 친화적인 스타일 등 다양한 콘셉트가 있는데요. 여기에 따라 전체 디자인은 물론이고 건축 자재와 인테리어 소품 등도 달라집니다. 따라서 어떤 콘셉트로 갈지 폭넓게 살펴보고 신중히 결정해야 합니다.

두 번째는 컬러인데요. 색상은 식당의 전체적인 분위기를 형성하는 데 큰 역할을 합니다. 화사한 색상은 활기찬 분위기를 만들어내며, 어두운 색상은 조용하고 차분한 분위기를 연출합니다. 적절한 색상 조합을 통해 내가 원하고 또 고객이 좋아할 분위기를 만들어야 합니다. 매장의 주제 색을 먼저 정하고 이어서 보조 색을 정하는 게 좋습니다.

셋째, 가구와 소품입니다. 식당 내에 비치하는 소품과 가구는 고유한 분위기와 스타일을 만듭니다. 테이블과 의자, 여러 소품 등은 식당의 콘셉트와 브랜드 이미지를 부지불식간에 전달하므로 신경을 많이 써야 합니다.

마지막으로 조명인데요. 화사한 조명은 활기찬 분위기를 발산하고, 어두운 조명은 고급스럽고 로맨틱한 분위기를 형성할 수 있어요. 조명에 따라 고객 눈에 비치는 음식의 모양새가 달라질 수 있고, 그에 따라 고객이 느끼는 맛도 달라질 수 있답니다. 그 정도로 조명이 중요합니다. 어찌 보면 조명은 인테리어의 마지막을 장식하는 요소라 할 수 있겠습니다. 매장 분위기와 음식 종류에 맞는 아름답고 알맞은 조도를 선택하면 고객이 한눈에 반하는 식당이 될 수 있습니다.

오유미당은 아늑하고 환한 분위기로 매장을 꾸몄다. 오른쪽 아래는 오유미당 내부의 3D 조감도

신규 메뉴를 개발하는 효과적인 방법이나 프로세스가 있나요?

메뉴는 그 음식점의 얼굴이자 상징과도 같습니다. 더불어 고객과의 커뮤니케이션 수단이자 기본적인 마케팅 도구라고 할 수 있습니다. 그만큼 식당 운영에서 중추적인 역할을 담당합니다. 프랜차이즈 사업에서도 메뉴는 본사와 가맹점이 원원하는 성공 방정식의 핵심입니다.

신메뉴 개발 및 출시로 매출 향상과 수익 증대를 도모할 수 있습니다. 신메뉴가 출시되면 홍보와 마케팅을 통해 새로운 고객을 유인할 수 있으며 기존 고객으로서도 매장을 다시 방문해야 할 이유가 생깁니다. '지금도 잘되는데 굳이 시간과 돈을 들여 신메뉴를 출시해야 할까?' 하는 의문이 들 수 있어요. 그럼에도 번거로운 과정을 감수하고 새로운 메뉴를 개발하는 이유는 식음료 트렌드가 상당히 빠르게 변화하고 있기 때문입니다. 이런 상황에서 계속 성장하려면 적절한 신메뉴로 고객의 마음을 사로잡아야 합니다. 그럼으로써 매출 향상과 수익 증대, 그리고 신규 고객 창출을 기대할 수 있습니다.

그렇다면 메뉴 개발은 어떻게 해야 할까요? 우선 대박 식당 벤치마킹과 유튜브를 적극 활용할 필요가 있습니다. 무에서 유를 만드는 건 불가능에 가깝습니다. 이미 검증된 아이템에서 힌트와 영감을 얻고, 여기에 나만의 스타일을 더해 새로운 메뉴를 만드는 게 효과적입니다. 그다음에는 점주들이 쉽게 조리할 수 있도록 레시피를 완성해야 합니다.

일단 다양한 식당을 방문하라고 권하고 싶습니다. 확실히 잘되는 식당은 다 이유가 있더군요. 대박 식당의 맛을 잘 기억해야 합니다. 대중의 입맛을 잘 알고 거기에 최적화되어 있어서 손님이 많은 겁니다. '아! 이게 바로 대중이 원하는 맛이구나' 하고 기억해두었다가 내 메뉴에 비슷하게 구현해야 합니다. 내 기준에 맞춰 음식을 만들면 대중성을 잃기 쉽습니다.

음식에 관한 유튜브 영상을 시청하다 보면 아이디어가 많이 떠오르는데요. 그때마다 메모하고 시도해보세요. 히트할 수 있는 신메뉴를 개발하려면 나의 모든 관심과 생각과 행동을 집중한다는 각오로 임해야 합니다. 이 정도 노력을 쏟아야 손님들 반응이 좋은 음식이 나올 수 있습니다.

프랜차이즈의 메뉴는 누가 조리를 해도 맛이 일정하게 나올 수 있도록 표준화해야 합니다. 따라서 레시피는 가능한 한 단순하게 만들어야 합니다. 조리 과정이 까다롭거나 복잡하면 점주들이 신메뉴 판매를 꺼리거든요. 동일 메뉴를 수십, 수백 개 매장에서 판매하는 프랜차이즈 특성상 레시피와 식재료 준비 등을 단순화하는 과정이 필수적입니다.

한 가지 메뉴가 탄생하기까지 몇 가지 프로세스를 거치는데요. 가장 먼저 기획 단계입니다. 아이템, 트렌드, 콘셉트 등 다양한 요소를 고려하여 시장 조사와 자료 조사를 진행하고 아이디어를 취합해

오유미당에서 그동안 새롭게 개발한 다양한 메뉴들

요. 어떤 메뉴가 고객들의 호응을 이끌어낼지 다면적으로 조사해야 합니다. 두 번째 단계는 메뉴 개발입니다. 아이디어가 정해졌다면 실제로 음식으로 만들어서 맛을 평가합니다. 조리 과정이나 조리 시간에 문제는 없는지 살펴보고 실무 테스트를 거칩니다. 신메뉴가 완성되면 비용 분석 및 가격 설정을 하는데, 이것이 세 번째 단계입니다. 이때 제품의 원가, 식재료별 단가, 유통 과정, 경쟁사 메뉴의 가격, 이익률 등을 고려하여 적절한 판매가를 정합니다.

이렇게 개발된 메뉴는 본점이나 지역별 대표 매장에서 시장 테스트를 거칩니다. 이를 통해 인기도, 판매 가능성, 재구매 의향 등 고객의 반응을 살펴볼 수 있는데요. 개선이 필요한 부분을 발견하면 수정 및 보완한 뒤에 공식적으로 출시합니다. 신메뉴 개발은 간단치 않은 과정이에요. 오유미당은 신메뉴 개발에서 테스트까지 보통 3~6개월이 걸립니다.

신메뉴를 출시했다면 광고 및 프로모션을 통해 널리 알려야 합니다. 사진과 포스터를 각 매장에 배포하고 소셜미디어나 유튜브에 홍보합니다. 매장 점주들에게 지속적인 홍보와 판매를 권유하는 일도 병행해야 합니다. 신메뉴를 좋아할 수도 있지만 새로운 것에 대한 거부감이 있을 수도 있기 때문입니다.

오유미당은 가맹점을 위한 마케팅 지원을 어떻게 하고 있나요?

프랜차이즈 사업은 가맹본부와 가맹점이 서로 윈윈하는 게 성공의 관건입니다. 장기적인 관점에서 보면 가맹점의 성공이 가맹본부의 성공으로 이어지기 때문입니다. 따라서 가맹본부는 가맹점이 성장할 수 있도록 지원해야 하는데요. 제가 경영하는 오유미당이 가맹점과 동반 성장하기 위해 실행하고 있는 일들을 간단히 소개하겠습니다.

첫 번째, 웹사이트를 제작하고 SNS를 운영하고 있습니다. 온라인 마케팅을 지원하기 위해 웹사이트를 통해 브랜드 스토리, 제품 및 서비스 정보 등을 제공합니다. 활발한 SNS 소통으로 신제품 출시, 이벤트 소식 등을 신속하게 전달하여 더 많은 고객을 유치할 수 있도록 하고 있습니다.

두 번째, 광고 및 홍보 자료 제작입니다. 가맹점의 홍보 및 마케팅에 초점을 맞춰 전단지, 포스터, 현수막 등을 디자인·제작하고 있습니다. 요즘은 온라인 플랫폼인 유튜브와 아프리카TV 등의 활용이 많아지고 있어 피피엘(PPL, 소품을 이용한 간접 광고)이나 배너 광고를 열심히 진행하고 있습니다.

세 번째, 연예인 모델을 통한 홍보와 방송 출연입니다. 오유마당은 연예인을 가맹점 광고 모델로 고용하여 홍보함으로써 브랜드 인지도와 이미지를 향상시키고 있습니다. 그동안 많은 연예인이 매장을 방문하고 방문기를 인스타에 올려주었으며, 오유미당 매장이 공중파부터 케이블까지 여러 방송에 노출된 바 있습니다.

네 번째, 가맹점을 대상으로 마케팅의 기본적인 개념과 방법, 중요성 등을 교육하고 있습니다. 마케팅에서는 역지사지의 태도가 필요합니다. 내가 어떤 과정을 거쳐 맛집을 찾아가는지 생각하면 답이 나옵니다. 제 경우는 네이버로 맛집을 검색하거나 페이스북 또는 인스타를 보고 찾아갑니다. 길 가다가 전단지나 현수막을 보고 방문할 때도 있습니다. 이처럼 사람들이 맛집을 찾는 방법을 염두에 두고 마케팅과 광고를 해야 합니다. 또한 꾸준히 주기적으로 광고를 해야 하는데요. 광고는 지속적일 때 효과를 볼 수 있습니다. 이런 내용이 너무 당연하게 들릴지도 모릅니다. 그런데 현실에서는 이와 같은 기본 원칙이 잘 지켜지지 않습니다. 교육하지 않으면 쉽게 간과할뿐더러 광고에 드는 돈이 아깝다고 생각합니다. 심지어 블로그 체험단에 음식 대접하는 것도 아까워합니다. 오늘날 음식점이 성공하려면 마케팅은 필수입니다. 오유미당은 가맹점 교육을 통해 마케팅의 중요

오유미당은 다양한 할인 및 이벤트를 진행하고 있다.

성을 알리는 데 전념하고 있습니다.

마지막으로 가맹점을 오픈할 때, 등심 100인분을 무상으로 지원하고 있습니다. 가맹점이 조금이라도 빠르게 시장에 안착하도록 돕기 위한 조치입니다. 처음 식당 문을 열면 아무래도 실수를 하게 됩니다. 그러면서 식재료를 허비할 수 있어요. 홍보 등을 위해 대표 메

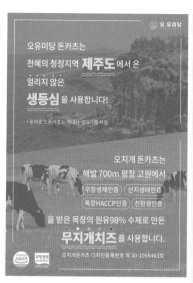

오유미당 본사에서 제작한 광고

여러 방송에 소개된 오유미당을 홍보하는 배너 광고

뉴를 무료로 제공해야 하는 상황도 생깁니다. 가령 주문 상 실수나 주방 문제, 예컨대 보관을 잘못했다거나 하는 일이 그렇습니다. 이럴 때 본 사에서 주요 식자재를 지원 하면 큰 도움이 됩니다. 지원 분을 활용한 이벤트도 가능 합니다. 예컨대 점주와 협의 하여 100명 한정 무료 시식

행사를 진행한 바 있습니다. 이런 이벤트를 펼치면 매장이 사람들로 북적대고 입소문이 나기에 홍보 효과를 톡톡히 볼 수 있습니다.

선진국의 프랜차이즈와 국내 프랜차이즈는 어떤 차이가 있나요?

미국의 경우 물류 마진을 최소화한 가맹 사업 체계가 보편적입니다. 맥도날드, KFC 등 대표적인 업체를 포함해 업계의 70~80%가 로열티를 근간으로 운영됩니다. 프랜차이즈 로열티는 점주가 본사에 지불하는 금액입니다. 프랜차이즈 본사는 그 대가로 점주에게 계약에 따라 특정 지역 또는 영업 권한을 양도하고 프랜차이즈 지원 및 브랜드 사용 등에 관한 권리를 부여합니다.

프랜차이즈 로열티는 일반적으로 매출에 따라 계산하는데요. 본사는 계약에 명시된 바에 따라 가맹점 매출의 일정 비율을 로열티로 가져갑니다. 달리 말하면 자사의 브랜드 및 비즈니스 모델을 이용한 대가인 셈입니다.

우리나라 프랜차이즈도 미국처럼 물류 마진이 아닌 로열티 중심으로 사업 구조가 바뀌어야 합니다. 다만, 미국의 로열티 제도를 우리나라에 그대로 적용하기에는 무리가 있습니다. 우리는 무형 자산보다 유형 자산을 중시하는 경향이 있습니다. 지금은 많이 나아졌지만 20~30년 전만 해도 무형 서비스에 대해서는 대가를 지급하는 데 인색했습니다. 아니, 거의 그런 인식 자체가 없다시피 했습니다.

프랜차이즈 사업은 레시피, 브랜드, 서비스, 노하우 등 무형 자산에 기반을 두고 있습니다. 그런데 이를 인정하지 않은 문화가 있다 보니 우리나라 프랜차이즈 사업은 로열티를 낮추는 대신 인테리어, 주방용품, 물류 등을 통해 수익을 내고 있는 실정입니다.

저 역시 프랜차이즈 시작할 때 고민이 컸습니다. 마음 같아서는 미국처럼 로열티 시스템으로 가고 싶은데, 매출의 5~7%가 로열티로 빠져나가는데 과연 동의할 사람이 있을까 싶었습니다. 더욱이 처음 시작하는 프랜차이즈 브랜드였기에 협상력이 부족하여, 납품 업체들로부터 재료들을 저렴하게 가져올 여건도 아니었습니다. 결국 물류 수익과 로열티를 적절히 섞을 수밖에 없었습니다. 여기서 말하는 물류 수익은 프랜차이즈 시스템 내에서 물류 활동으로 발생하는 수익을 말합니다. 여기에는 제품 또는 서비스를 제공하기 위해 필요한 원자재, 부품, 상품 등의 이동, 창고 보관, 유통, 배송 등 다양한 물류 활동이 포함됩니다.

예전에는 한국에서 프랜차이즈 사업을 한다고 하면 안 좋은 얘기를 많이 했습니다. 그 이유 중 하나는 본사가 인테리어, 간판, 주방용품 등에서 많은 수익을 남기려고 했기 때문입니다. 로열티라는 개념이 자리 잡지 않다 보니 생기는 일입니다. 오늘날은 인테리어, 주방 용품 등이 강제 사항도 아니고 제품 도매가도 많이 공개되어 있다 보니 지적 재산인 로열티를 받는 게 더욱 합리적인 상황이 되었습니다. 이런 구조가 정착되려면 가맹점이 프랜차이즈 본사의 지식재산권을 존중해야 하는데, 여전히 인식이 부족한 상황입니다.

미국은 가맹본부와 가맹점의 계약 기간을 길게 잡는 경우가 많습니다. 통상적으로 5~10년인데요. 가맹점이 계약 기간 내에 문을 닫거나 폐점하면 계약 위반으로 강력한 페널티를 받습니다. 계약 기간이 중요한 이유는 물류비를 낮출 수 있기 때문입니다. 예를 들어보지요. 우리에게 물건을 납품하는 협력업체와 협상할 때 계약 기간을 정하지 않으면 많은 양을 주문해도 가격을 낮추기 어렵습니다. 납품업체 입장에서 언제 주문이 끊길지 모르기 때문이지요. 그에 비해 10년 동안 매월 일정한 양을 공급한다고 계약하면 할인이 가능합니다. 우리나라는 프랜차이즈 계약 기간이 보통 2년입니다. 가맹점이 2년을 채우지 못하고 문 닫는 경우도 드물지 않습니다. 이런 이유로 장기 계약이 어렵다 보니 물류비가 상승하기 마련입니다.

우리나라는 프랜차이즈의 역사가 선진국보다 짧기에 아직 해결해야 할 문제가 적지 않습니다. 가맹본부와 가맹점이 상생하는 문화를 만들어야만 서로 신뢰하면서 발전할 수 있습니다. 특히 외식 프랜차이즈 본사는 합당한 로열티를 받기 위해 노력해야 합니다. 브랜드의 가치와 아이덴티티를 유지하고 지속적으로 발전시켜나가야 합니다. 이는 고객들이 브랜드를 신뢰하도록 품질과 서비스를 일관

되게 제공한다는 것을 의미합니다. 꾸준한 품질 관리와 표준 운영 절차의 준수, 제품 개발과 혁신 등을 포함한 전략적인 노력이 필요합니다. 저도 예외가 아닙니다. 이 자리를 빌려 오유미당도 앞으로 더욱 노력할 것을 약속드립니다.

Q10.
30대 젊은 외식인들에게
어떤 조언을
하고 싶은가요?

감사하게도 오유미당은 비교적 빠르게 자리를 잡았고 매년 성장하고 있습니다. 제 입으로 말하자니 머쓱하지만 얼마 전부터는 성공한 외식 CEO라는 칭찬을 듣곤 합니다. 그간의 경험을 바탕으로 젊은 외식인들에게 크게 세 가지를 전하고 싶습니다.

첫째, 철저하게 준비하고 공부해야 합니다.

대한민국에서 외식업 하기가 정말로 쉽지 않습니다. 재료비, 인건비, 전기·가스 요금 등 안 오르는 것이 없고 경쟁 또한 치열합니다. 이러한 환경에서 어떻게 살아남을 것인가 진지하게 생각해봐야 합니다.

특히 30대 외식업 CEO에게 강조하고 싶은 말이 있습니다. 아무리 잘나가는 가게를 운영해도 10년 이상 살아남기가 만만치 않습니다. 지금 잘되고 있어도 오랫동안 경쟁력 있는 가게를 만들려면 공부해야 합니다. 그러지 않으면 순식간에 뒤처지고 맙니다. 새로운 트렌드와 경쟁업체의 등장 등 환경이 점점 빠르게 바뀌고 있습니다. 시간이 날 때마다, 아니 일부러 시간을 내서라도 부지런히 맛집 탐방을 다니고 공부하고 외식업 선배들 얘기를 들어야 우물 안 개구리가 되지 않습니다. 외식업은 경쟁이 너무도 치열하기에 철저히 준비하고 공부하지 않으면 한순간에 도태될 수 있습니다.

둘째, 잘나갈 때일수록 겸손하세요.

세상엔 영원한 것이 없습니다. 지금 잘나간다고 해도 언제 힘들어질지 모릅니다. 그러니 항상 겸손해야 합니다. 성격 좋고 인성 좋은 사람, 겸손한 사람은 망하더라도 금방 일어섭니다. 주변 사람들이 서로 도와주려 하기 때문이지요. 하지만 허세 부리고 교만한 사람은 주변 사람들이 다 떠나서 도와주지 않습니다. 어떤 사업이든 혼자 할 수 없습니다. 주위에 좋은 사람이 많아야 내가 성공할 수 있습니다.

잘 나갈 때 아끼고 꼭 저축하세요. 예전에 알고 지낸 사업가 한 분이 있었습니다. 한때 그는 돈을 긁어모았습니다. 그래서인지 돈을 함부로 쓰더군요. 마치 영원히 돈이 굴러들어올 것처럼 말이지요. 고급 외제 차에 명품 옷과 값비싼 물건들, 그야말로 흥청망청했습니다. 돈도 많이 빌려주고, 여러 군데 사업 투자도 했습니다. 화려한 인생을 살았지요. 하지만 회사에 문제가 생기면서 점점 힘들어졌고 결국엔 망하고 말았습니다. 그 모습을 지켜보자니 참 안타까웠습니다.

그래서 나는 돈 벌면 아끼고 저축해야겠다고, 검소해야겠다고 마음 먹었습니다. 잘나갈수록 겸손하고, 아끼고 저축해서 힘들 때를 대비해야 합니다.

셋째, 강한 체력과 멘탈이 필요합니다.

저는 외식업에 뛰어들기 전까지 건강했습니다. 그런데 족발집을 시작하면서 살이 찌고 건강이 안 좋아졌습니다. 보통 외식업을 하면 제때 끼니를 먹을 수가 없습니다. 족발집을 할 때 저녁을 단 한 번도 7시 이전에 먹은 적이 없습니다. 보통 바쁜 시간 지나고 밤 10~12시에 저녁 겸 야식을 먹었지요. 이제 막 창업한 처지다 보니 운동할 여유도 없고 밤늦게 몰아서 먹으니 점점 몸이 안 좋아지는 걸 느꼈습니다. 이때 건강한 육체에 건강한 정신이 들어온다는 사실을 절감했습니다. 더 늦기 전에 건강을 챙겨야 함을 알았습니다. 건강을 잃으면 모든 걸 잃으니까요.

건강하려면 금연은 필수입니다. 담배는 백해무익합니다. 금연하면 식당도 잘된다는 마음으로 끊길 바랍니다. 두 번째는 절주입니다. 저는 체질적으로 술을 잘 못 마십니다. 그러다 보니 과음한 다음 날은 하루가 말 그대로 사라지더군요. 몸이 힘드니 일에 집중할 수 없었습니다. 그래서 술을 자제하고 있습니다.

세 번째는 운동입니다. 운동도 다양한 종류가 있을 텐데 본인이 재밌어하는 걸 고르세요. 그래야 오래 할 수 있습니다. 저는 최근에 수영을 하고 있는데 물에 들어가면 기분이 좋아집니다. 물놀이 간 것 같고 기분이 상쾌해져요. 수영의 또 하나 장점은 스마트폰과 분리된다는 점입니다. 자연스레 디지털 디톡스(detox)가 되면서, 평소 시도 때도 없이 몰려드는 디지털 자극으로부터 자유로워집니다. 뭐가 되었든 건강을 유지하기 위해서 꾸준히 할 수 있는 운동이 하나는 있어야 합니다.

사장을 하려면 강한 멘탈이 필수적입니다. 말이 쉽지, 경영상 어려움에 부닥치거나 사람들과 마찰이 생기면 순식간에 멘탈이 무너질 수 있습니다. 그에 따라 만병의 근원이라는 스트레스가 쌓입니다. 강한 멘탈을 만들기 위해서는 긍정적인 마인드가 필요합니다.

강의와 인터뷰 등을 통해 올바른 프랜차이즈 산업 발전을 위해 노력하고 있다(사진은 배달의민족에서 주최한 프랜차이즈 창업 박람회에서 강의하는 장면).

어떤 일이 발생 했을 때 긍정적인 면을 먼저 봐야 합니다. 지금 당장 문제가 있더라도 '결국엔 잘될 것이다.' '성공할 것이다'라고 스스로 마음을 다잡으세요. 부정적인 생각에 사로잡히지 않으려고 의도적으로 노력해야 합니다.

또 하나, 항상 감사한 마음을 가지는 것이 좋습니다. 나에게 없는 뭔가에 집중하면 인생이 피곤해집니다. 작더라도 내가 가진 것에 감사하면 삶이 풍성해집니다. 오늘부터 감사할 일 다섯 가지를 찾아 '감사 일지'에 적어보는 것도 방법입니다. 그리고 따로 시간을 내어서 책을 읽어야 합니다. 세계적인 부호인 빌 게이츠, 워런 버핏 등을 보니 다들 책벌레더군요. 책을 통해 지식과 통찰력을 갈고닦는 일이야말로 강한 멘탈을 만드는 첩경입니다.

마지막으로 걷기를 추천합니다. 저는 걷는 것을 좋아해서 지금도 스트레스 받을 땐 아무 생각 없이 걷기만 합니다. 핸드폰을 차에 두고 무작정 걷습니다. 그렇게 30~40분 산책하면 기분이 나아지고 상쾌해집니다. 걷기는 돈 안 들고 어디서든 시작할 수 있습니다. 인생도 장사도 언제 문제가 터질지 알 수 없고 우여곡절이 없을 수 없습니다. 제게 걷기가 있는 것처럼 자신만의 스트레스 해소법을 꼭 하나 마련해두기 바랍니다.

온라인 비즈니스 편

박상욱 대표

30대 A 씨는 오래된 상권의 후미진 골목길에서 작은 카페를 운영하고 있습니다. 위치가 안 좋다 보니 손님들이 찾아오기 어렵고, 가게 주인도 어디냐고 묻는 손님에게 길 안내를 하는 일이 곤욕입니다. 최근에는 네이버맵이나 구글맵 등이 있어서 사정이 나아졌지만, 한두 명 찾아오는 손님 때문에 새벽부터 나와 쿠키를 만들기란 여전히 힘듭니다.

그런데 그 옆 블록에 위치한, 카페는 사정이 딴판입니다. 마찬가지로 좋은 상권이라고 볼 수 없는 위치인데도 매일 택배 박스가 수십 개씩 쌓입니다. 오후 5시면 어김없이 택배 트럭이 방문해 튼튼하게 포장한 박스를 수거해갑니다. 오늘도 온라인 주문 처리를 마친 주인 B 씨는 싱글벙글합니다.

비슷한 장소에서 운영하는 두 카페의 일상을 그려보았습니다. 간단히 묘사한 이 두 곳의 차이점은 무엇일까요? 비슷한 상권에서 비슷한 제품으로 장사하는데 한 곳은 시들하고 다른 한 곳은 매출이 꾸준히 나오는 이유는 무엇일까요? 핵심은 온라인 비즈니스입니다.

뒤에 소개한 카페는 온라인으로 상품을 판매합니다. 그 덕에 불리한 입지를 극복했어요. 오늘날 온라인 비즈니스는 필수입니다. 여기에는 따로 상권이라는 게 없습니다. 오프라인 매장처럼 입지에 따른 과도한 투자 비용이 필요치 않다는 뜻입니다. 그렇다고 온라인 비즈니스가 만만한 일은 아니지만, 누구에게나 비교적 공평하게 여건이 주어진다는 점에서 도전할 만합니다.

날이 갈수록 경쟁이 치열해지는 외식업에서 온라인 비즈니스는 '엘도라도', 즉 기회의 땅입니다. 온라인 비즈니스 역량을 갖추면 '오늘은 날이 궂어서 손님이 안 오나?' '우리 가게 입지가 별로인가?' 같은 고민을 할 필요가 없습니다. 경쟁력을 장착하고 거대한 온라인의 바다로 뛰어들어 보세요. 새로운 세상이 열릴 겁니다.

온라인에는 시장 규모가 크든 작든 수많은 기회가 잠재해 있습니다. 그래서 폭풍 성장 사례가 드물지 않지요. 온라인 시장은 동네나 지역 상권에 한정된 오프라인 사업으로는 경험할 수 없는 큰 바다와도 같습니다. 그러니 준비가 필요합니다. 비유컨대 시냇가에서 뗏목 타고 혼자 노 저어가며 장사하던 사람이 갑자기 바다로 나갈 수는 물론 없을 겁니다. 튼튼한 배를 마련해야 하고, 더 큰 노를 저을 체력과 인력도 필요하겠지요. 때론 모터도 달아야 하고, 배가 하나

182 　대한민국 온리원 식당

더 필요할 수도 있습니다. 다만 이 모든 것을 한 번에 준비할 수는 없습니다. 그 정도의 여유 자금과 여력이 있는 외식인은 소수에 불과합니다. 다른 모든 비즈니스처럼 온라인 비즈니스도 하나씩 차근차근 준비하는 자세를 가져야 합니다.

지중해와 태평양, 대서양 등 광활한 바다에도 여러 부분이 있듯이 온라인이라는 바다도 크고 작은 바다로 이루어져 있습니다. 저는 그중에서도 작은 바다를 '키워드'라고 부릅니다. 키워드를 잘 활용하면 실력을 다져 더 큰 바다로 나아갈 힘을 키울 수 있습니다.

예를 들어보죠. 네이버쇼핑에서 '쿠키'를 검색해보세요. 이 글을 쓰고 있는 지금(2023년 10월) 기준으로, 올라온 상품의 개수가 대략 300만 건입니다. 올라온 상품 수가 많다는 건 아주 큰 바다라는 뜻입니다. 그만큼 찾는 사람도 많지만, 항해하려면 작은 뗏목으로는 어림도 없습니다. 이번엔 '수제 쿠키'로 검색해봅니다. 8만 5,000건 정도 되네요. 이 작은 바다도 처음 시작하는 초보자에겐 만만치 않은 시장입니다. 좀 더 구체적으로 '수제 쿠키 답례품'으로 검색하니 1만 건입니다. 그렇다면 '수제 쿠키 결혼 답례품'은 몇 건일까요? 1,500건입니다. 이렇게 세부 키워드로 내려갈수록 공략할 만한 작은 시장이 펼쳐집니다. '답례품'이라는 큰 시장에서 결혼, 돌잔치, 승진, 장례식 등으로 좁혀서 접근할 수 있습니다. 결혼 하객 답례품, 부장 승진 기념품처럼 말입니다. 또는 지역, 시간 등으로 키워드를 세분화할 수도 있습니다.

이렇게 작은 시장(키워드) 중에서 1등 할 만한 곳, 그곳을 공략할 방법을 찾아보세요. 본인이 장악할 수 있는 세부 키워드를 정하고, 적합한 제품과 홍보 방법을 준비하는 것이지요. 세부 키워드로 내려갈수록 나만의 강점을 부각할 가능성과 타깃이 분명해지면서 경쟁력 확보가 용이해집니다. 아무리 작은 시장이라도 승리하려면 철저하게 준비해야 합니다. 나와 내 제품을 살펴보고 뗏목이라면 통통배로 업그레이드하는 작업이 꼭 필요합니다. 이 과정도 쉽지만은 않습니다. 혼자 노를 젓다가 같이 노를 저을 직원들을 구해야 할 수도 있습니다.

온라인 사업을 준비할 때는 남들의 성공담에 현혹되지 않아야 합니다. 특히 유튜브 등 여러 매체에서 들려오는 손쉽게 대박 쳤다는 이야기를 조심하세요. 겉보기와 다른 경우가 태반이거든요. 공산품 셀러와 외식업 셀러의 온라인 비즈니스는 접근 방식부터 다르다는 점도 잊지 말아야 합니다.

먼저 핵심 경쟁력을 장착하고 배를 키워서 항해의 길을 떠나도 늦지 않습니다. 그렇다면 어떻게 핵심 경쟁력을 키울 수 있을까요? '지피지기면 백전불태(知彼知己百戰不殆)'라는 사자성어가 있습니다. 제아무리 유망한 키워드로 온라인 비즈니스로 뛰어들었다 해도 나 자신을 알지 못하면 그 싸움은 필패하고 맙니다. 자기 업의 본질을 꿰뚫는 일(知己). 이것이 핵심 경쟁력을 장착할 수 있는 길입니다.

온라인 사업을 처음 시작할 때 어떻게 접근하는 게 좋을까요?

무엇보다 내가 가진 아이템의 포지셔닝(positioning)을 파악해야 합니다. 내가 판매하는 제품이 온라인 시장에서 어떤 위치에 있는가를 구체적으로 알아야 한다는 뜻입니다. 아이템이 대중적일수록 시장은 크지만 그만큼 경쟁이 심하기 마련입니다. 따라서 더 많은 자금과 노력이 필요하고, 반대로 특수한 아이템이라면 수요는 적어도 시장 공략에는 용이할 수 있습니다.

예를 들어 김치라는 아이템을 판매한다고 가정해보지요. 수년 전 한 60대 사장님이 김치를 온라인으로 판매하고 싶다며 찾아온 적이 있습니다. 그는 수십 년간 김치를 만들어왔고 다양한 김치를 맛깔스럽게 담글 줄 알아서 온라인에서도 성공하고 싶어 했습니다. 실제로 자신이 영업하는 지역에서 김치 맛집으로 이름을 날리고 있었습니다. 그런데 김치라는 아이템은 온라인 시장 진입이 생각보다 만만치 않습니다. 시장이 큰 만큼 경쟁이 치열하고 홍보 비용 등이 많이 들기 때문입니다. 처음부터 네이버 같은 큰 온라인 시장에 막대한 마케팅 자금을 쏟아부으며 공격적으로 진입할 수 있겠지만, 소상공인에게는 거의 불가능한 얘기입니다.

저는 그에게 일단 다양한 판매 채널로 제품을 알리고, 온라인 회원을 차근차근 확보하는 데 주력하라고 권했습니다. 먼저 경험을 쌓고 팬덤을 조금이라도 구축한 후에 큰 시장으로 진입하는 게 여러모로 유리하기 때문입니다. 운이 따른다면 이른 시간 안에 판매 순위 상단에 오를 수도 있습니다. 제가 조금 긴 호흡으로 준비하라고 강조한 데는 이유가 있습니다. 일반적인 공산품과 달리 음식을 온라인에 판매할 때는 신경 쓸 일이 한둘이 아닙니다. 특히 포장과 위생에 상당한 노하우가 필요합니다. 다시 말해 경험과 훈련이 필수적이라는 뜻입니다. 아무리 아이템이 좋아도 배송 중에 음식 맛이 변하는 등의 문제가 발생하면 회복이 어려울 정도로 타격이 큽니다. 신생 업체라면 고객들의 신뢰가 필요하기에 먼저 노하우를 축적하고 나서 믿을 만하다는 점을 고객에게 확실하게 보여주어야 합니다.

다음으로 하위 카테고리에서 1등을 차지하는 것이 대단히 중요하다고 조언했습니다. 김치는 종류가 아주 많습니다. 포기김치, 파김치, 백김치, 갓김치, 고들빼기김치, 부추김치 등. 이때 모든 김치를 다 잘 만들려고 하지 말고, 1등을 할 만한 아이템을 선정하고 여기에 집중할 필요가 있습니다. 처음부터 이것저것 다양하게 만들어서 팔

오프라인과 온라인 사업에 적합하도록 디자인한 시나피의 주방 모습

려는 건 욕심입니다. 그보다는 자신 있는 아이템 하나를 1등으로 올리는 작업을 꾸준히 실행하는 전략이 효과적입니다. 경쟁이 치열한 김치 시장이지만 하위 카테고리라면 일등을 노릴 만합니다. 시간과 노력을 투자한다면 충분히 가능한 도전입니다.

최근에 과일 착즙 주스를 온라인 판매하기 시작한 열정적인 사업자를 코칭해준 적이 있습니다. 코로나 기간에도 배달과 매출이 큰 폭으로 성장한 꽤 인기 있는 곳입니다. 하지만 사업은 생각보다 지지부진했습니다. 그 이유는 무엇일까요?

하나는 온라인 시장에 관한 이해가 떨어졌기 때문입니다. 오프라인 매장에서 인기가 있고 수익이 잘 나오는 곳이라면 저는 굳이 온라인 비즈니스를 추천하지 않습니다. 이는 완전히 다른 사업이기 때문입니다. 기획부터 포장과 배송까지 다 달라서 여기에 대한 이해가 선행되어야 합니다. 오프라인이나 온라인이나 서로 다르지 않다고 생각하는 사람들이 의외로 많아요. 이러면 십중팔구 실패합니다. 하나만 예를 들어보자면, 온라인 비즈니스는 별도의 공간과 동선이 필요합니다. 기존 오프라인 매장이 아주 크고 여유 공간이 많지 않다면 이를 구축하기란 거의 불가능합니다.

제가 코칭해준 사업자는 초반에 이 점을 간과했습니다. 흔히 보이는 실수 중 하나입니다. 하지만 사장들의 고뇌도 충분히 이해합니다. 성공이 확실하지 않은 도전을 위해 별도의 공간과 인력을 추가로 투입하는 건 쉽지 않으니까요. 그럼에도 온라인과 오프라인을 겸하고 싶다면 상품 기획부터 작업 공간에 이르기까지 비즈니스의 모든 면에서 오프라인보다 더 많은 시간과 노력을 쏟아야 합니다. 적어도 어느 정도 안정화될 때까지는 그렇게 해야 합니다. 그만큼 신경 써야 할 것들이 많습니다.

다른 무엇보다 업의 본질을 확실히 정립하는 게 중요합니다. '나는 왜 온라인 비즈니스를 하는가?' '고객들은 무엇 때문에 내 제품을 구매하는가?'를 항상 고민해야 합니다. 고객이 필요로 하는 부분을 끊임없이 찾아내서 나의 강점을 거기에 대입해야 합니다. 그러면 새로운 길이 열릴 것입니다.

대표님이 생각하는 온라인 사업의 핵심은 무엇인가요?

앞서 온라인 비즈니스를 바다로 표현한 이유는 그만큼 광활하기 때문입니다. 처음 시작하는 사람이라면 어디서부터 어떻게 해야 할지 막막할 겁니다. 어찌 보면 당연한 일입니다. 그렇다고 해도 출발점은 명확합니다. 어느 곳에 그물을 던질지 정하기 전에 내가 가진 것을 파악해야 합니다. 내 무기와 역량을 알아야 한다는 말입니다. 내가 가진 게 칼인지, 총인지, 작살인지 알아야 하고, 그물도 촘촘한지 널찍한지 확인해야 합니다. 이것들이 가진 경쟁력에 따라 온라인 시장의 종류와 형태, 접근 방식이 각각 다를 수 있습니다. 거듭 강조하건대 나 자신을 객관적으로 정확하게 파악하는 게 가장 중요합니다. 좀 거칠게 말하면 당장 할 수 없는 일은 과감히 포기하고, 지금 가진 장점들로 제품을 개발하고 필요하다면 조합하여 경쟁력을 키워야 합니다.

그다음 핵심 사항은 경쟁업체와 차별화할 점을 발견하고 개발하는 것입니다. 너무 거창할 필요는 없습니다. 고객들이 받아들이기 힘들 만큼 큰 차별점은 오히려 독이 될 수 있습니다. 음식을 예로 들어보지요. 지나치게 낯선 음식은 구매력을 높이는 데 전혀 도움이 되지 않습니다. 가령 돼지국밥에 일본에서 직수입한 몸에 좋은 말차를 넣어 만든다는 점을 강조하기 위해 국물을 녹색으로 조리하면 어떨까요? 고객들이 좋아할까요? 호기심 많은 사람이더라도 본 적 없는 녹색 국물에 선뜻 손이 가지 않을 겁니다. 맛보고 삼키는 음식은 더더욱 그렇습니다. 차별화는 낯섦과 익숙함을 함께 고려해야 합니다. 너무 익숙하면 진부하고 너무 낯설면 괴상해 보입니다. 다시 말해 낯섦과 익숙함의 황금비율을 찾아야 합니다.

우리는 특별한 자리에 초대받아 갈 때 옷차림에 신경 씁니다. 넥타이나 액세서리 등을 활용하여 '포인트'를 주곤 하죠. 이처럼 익숙함이라는 바탕에 새로움을 추가하는 방식을 추천합니다. 익숙함 70%에 차별화된 새로움 30%를 더하는 정도가 적당합니다. 여기서 '새로움'이란 메뉴의 크기가 될 수도 있고, 양이나 색깔이 될 수도 있으며, 특별한 재료가 될 수도 있습니다. 새로움을 더할 때는 타이밍을 생각해야 합니다. 같은 새로움이라도 타이밍에 따라 진부해질 수도 있으니까요.

온라인 시장은 넓고 고객 또한 정말 많습니다. 내가 하고자 하는 비즈니스의 본질을 정확하게 정리하고 차별점이라는 무기를 뾰족

시나피의 비전과 본질, 그리고 차별성을 시각적으로 표현해 매장 내부에 걸어두었다.

하게 다듬으면 이에 반응하는 고객이 반드시 있습니다. 그 고객이 소수이더라도 최선을 다해야 합니다. 1명의 고객에게 감동을 줄 수 있어야 10명, 100명의 고객을 만족시킬 수 있습니다. 그럴 때 1명의 고객이 100명이 됩니다. 이런 노력이 쌓이고 쌓여 힘과 동력이 됩니다. 때가 되면 힘차게 시동을 걸고 더 넓은 바다로 나갈 수 있습니다.

온라인 비즈니스의 유망 아이템을 찾는 노하우가 궁금합니다

나만 알고, 누구도 따라 할 수 없는 아이템은 이 세상에 없습니다. 혹여 있다 하더라도 요즘 같은 시대에서는 몇 달, 아니 며칠 안 되어서 복제품이 나옵니다. 그러니 나만 영속적으로 할 수 있는 아이템은 없다고 봐야 합니다. 물론 특허 등록으로 어느 정도 방어할 수 있지만 외식업, 특히 초보 외식인에게는 이 또한 꿈같은 이야기입니다. 거기에 들어가는 돈과 시간도 무시할 수 없고요. 그렇다고 아이템이 중요하지 않다거나 찾는 걸 포기해야 한다는 뜻은 아닙니다. 오히려 아이템 개발을 꾸준히 해야 한다는 이야기지요.

꽤 오래전 이야기입니다만, 친한 친구가 잘 다니던 회사를 그만두고 온라인 남성 화장품 시장에 뛰어든 적이 있습니다. 당시 저를 찾아와 사무실을 공유하자고 제안하더군요. 제약 회사에서 영업으로 잔뼈가 굵었던지라 물건 파는 일에 자신이 있었고, 그의 아내는 실력 있는 웹디자이너였기에 적어도 폐업하지는 않을 거라고 확신했습니다.

그가 개발한 화장품은 지금은 흔한 올인원(all in one) 제품이었는데 당시로서는 참신한 아이템이어서 꽤 주목받았습니다. 남자들 대부분 스킨과 로션을 따로 바르는 일을 귀찮아했는데, 이 불편을 해결해주는 제품이었으니까요. 초반에는 시장 반응이 괜찮았습니다. 하지만 낮은 브랜드 인지도와 제품 용기의 하자, 후속 제품의 부재, 그리고 열악한 자금력 때문에 1년 만에 완전히 망했습니다. 수억 원의 빚과 함께 친구는 지금도 힘든 시간을 보내고 있습니다. 무엇이 문제였을까요? 여러 이유가 있겠지만 제가 보기에는 준비 부족이 컸습니다. 업의 본질에 대해 깊은 고민 없이 현상만 보고 시장에 뛰어들었던 것입니다.

유망한 아이템을 구하는 과정도 같은 맥락에서 살펴볼 수 있습니다. 요즘 트렌드에 맞아서, 혹은 앞으로 대박 날 것 같아서 뛰어들어서는 곤란합니다. 그러기에는 리스크가 너무 큽니다. 그보다는 내가 잘 알고 잘할 수 있는 아이템이 더 낫습니다. 어떤 아이템을 말하는 것일까요?

답은 가까운 곳에 있습니다. 지금 당장 A4 용지를 펼쳐 놓고, 자신에 대해 깊은 고찰과 성찰을 시도해보세요! 내가 무엇을 좋아하고 잘하는지 자유롭게 적어보세요. 왜 좋아하는지, 어떻게 해서 잘하게 되었는지도 써보세요. 아이템은 물론이고 거기에 입힐 스토리

시나피는 지속적으로 서브 아이템을 개발하고 있다.

도 뽑아낼 수 있습니다. 미리 단정하지 말고 마음을 열고 거듭 생각해보세요. 한두 시간 안에 끝내려 하지 말고 1주일, 아니 2주일 동안 진지하게 기록해보기 바랍니다. 답은 내 안에 있습니다.

물론 업의 본질에 입각한 아이템이더라도 차별점을 만드는 과정은 필수입니다. 그렇게 만들어진 차별점은 내가 아닌 고객에게 호

소력이 있어야 합니다. 고객 관점이 중요하다는 뜻입니다. 고객에게 유익하고 불편을 해결해줄 수 있다면 충분히 경쟁력이 있습니다. 고객의 니즈를 따라 계속 진화해야 합니다. 그래야 꾸준히 성장할 수 있습니다.

이미 차별화된 시그니처 아이템을 정했다면 그다음으로 해야 할 일이 있습니다. 대중적인 서브 아이템을 준비하는 데 공을 들여야 합니다. 서브 아이템은 미끼 상품일 수도 있고, 구색 갖추기 상품일 수도 있습니다. 그게 뭐든 서브 아이템을 갖추어야 합니다. 내 스토어에 다양한 상품을 구비해야 추가적인 구매가 일어나기 때문입니다. 서브 아이템을 다른 제품과 조합하여 새로운 상품으로 탈바꿈시켜볼 수 있습니다. 또한 같은 아이템이라도 공략 키워드에 따라 새롭고 다양한 시장으로 뻗어나갈 수 있습니다.

어느 날 온라인 비즈니스를 하는 동생이 찾아왔습니다. 평소 가까이 지내는 그 동생은 건강기능식품을 판매하고 있었는데, 좋지 않은 경기와 폭증한 경쟁자들로 너무 힘들다고 하소연하면서 기분 전환도 할 겸 제가 있는 대전으로 놀러 왔다고 했습니다. 그의 건강식품이 효과가 뛰어나고 검증된 제품임을 알고 있던 저는 그에게 그 제품들을 답례품으로 만들어보면 어떻겠느냐고 말했습니다.

건강기능식품을 직접 알아보고 사서 먹는 사람들도 있겠지만, 소중한 사람에게 선물하고 싶어서 찾는 이들도 많습니다. 그런데 온라인 매장에서 그런 제품을 쉽게 찾기 어려웠어요. 저만 해도 제 마음을 오롯이 담아 전할 만한 제품이 선뜻 떠오르지 않았습니다. 저는

후배가 고마운 마음을 담아 보내온 선물

그에게 '정성스러운 선물'이라는 콘셉트에 맞춰 상품 구성부터 포장, 배달까지 준비해보라며 구체적인 방법들을 알려주었습니다. 그러고 나서 시간이 흐른 뒤에 우리 매장으로 큼지막한 리본으로 곱게 싸인 건강기능식품이 배송되었습니다. "감사합니다!"라는 인사와 함께 말입니다.

앞서도 말했지만, 영원한 아이템은 없습니다. 하지만 나만의 이야기를 담은 아이템은 만들 수 있습니다. 꾸준하게 나와 고객에게 맞는 아이템을 찾아내고, 차별점을 만들어가는 과정을 즐겨야 합니다. 이것이 바로 온라인 비즈니스의 핵심입니다.

Q15.
경쟁업체 분석이나
벤치마킹할 때
어떤 점을 유의해야 하나요?

우리는 뭔가를 살 때 여러 물건을 비교합니다. 온라인, 오프라인 어디든 마찬가지예요. 비교를 통해 나에게 맞는 제품을 찾습니다. 가격을 비교하고 성능을 따져보고, 합리적인 가성비를 가진 제품을 고릅니다. 온라인 환경에서는 제품은 물론이고 업체 간 비교가 쉽기에 경쟁이 치열할 수밖에 없습니다. 그야말로 무한 경쟁이지요. 그래서 경쟁업체보다 더 나은 점을 부각해야 하고, 부족한 부분은 개선하려는 노력을 끊임없이 해야 합니다. 고객들은 늘 '더 좋은' 제품을 원하니까요.

저는 순대국밥을 좋아합니다. 하지만 안 가본 순대국밥 집은 조금 꺼려집니다. 돼지고기 삶는 냄새가 종종 역하게 다가오기 때문입니다. 이런 기억은 온라인에서 순대국밥을 구입하는 데 큰 방해 요소가 됩니다. A 업체는 이러한 고객의 불편 사항을 놓치지 않고, 제품의 제목과 상세 소개 페이지에서 이 문제를 해결했다는 점을 적극적으로 홍보했습니다. 타제품과의 비교 우위를 분명하게 시각화한 것입니다. 결과는 무척 긍정적이었지요. 고객의 불편 사항은 사소한 것이라도 적극적으로 해결하고 그 결과를 가시적으로 보여주는 것이 매우 중요합니다.

벤치마킹은 유용한 수단이지만 단점도 있습니다. 자칫 벤치마킹에 몰입하다 보면 베끼기로 흘러갈 수 있을 뿐만 아니라, 차별화는 커녕 오히려 경쟁자와 대동소이한 제품이 만들어질 수도 있습니다. 제품이 비슷하면 가격 경쟁에 빠지게 됩니다. 저는 벤치마킹을 할 때 동일 업종보다는 본인의 아이템과 다른 다양한 카테고리를 조사하라고 권하고 싶습니다. 제 경험으로는 경쟁 제품보다 전혀 다른 항목의 제품에서 응용할 만한 아이디어를 더 많이 발견할 수 있습니다. 번거롭고 쉽지 않은 일이지만, 열심히만 한다면 그만한 가치가 분명히 있습니다.

예를 들어보겠습니다. 온라인 마켓에서 의류 제품은 반품과 교환이 많습니다. 사유는 다양합니다. 단순 변심도 있고, 사이즈가 안 맞거나 재질이나 컬러가 화면과 달라서 그러는 경우가 있습니다. 판매자 입장에서는 분명히 리스크지만 비대면 온라인 판매의 속성상 충분히 예상할 수 있는 일이기에 제품 생산 단계에서 손실분을 책정해서 단가를 정하는 식으로 해결할 수 있습니다. 게다가 교환과 반품을 적극적으로 활용하면 고객을 단골로 이끌 수 있습니다.

그렇다면 의류 업체의 전향적인 교환 및 반품 정책을 우리 제품에 적용하면 어떨까요? 고객 입장에서 식품을 주문할 때 주된 불안 요소는 배송입니다. 이를 해결해준다면 어떨까요? "걱정하지마세요! 다음날 받아보지 못하면 모두 환불해드립니다." 이렇게 말이죠. 손해가 클까요? 아닙니다. 신선식품의 익일 배달률은 모 택배사의 경우 98%에 육박합니다. 또한 고객들 전부가 환불을 요청하지도 않아요. 그 정도 리스크라면 이런 정책을 도입 안 할 이유가 없습니다.

"써보고 구매하세요!" 화장품 매장에서 흔히 들을 수 있는 말입

시나피에서 준비 중인 다양한 빵을 조금씩 맛볼 수 있는 샘플 상품

니다. 고객들로서는 관심 있는 제품을 직접 써보고 구매할 수 있다는 장점이 있습니다. 신발이나 옷도 마찬가지입니다. 이러한 방식을 온라인으로 가져올 수는 없을까요? 식품 스토어를 운영한다면 여러 제품을 조금씩 모아서 일종의 '샘플 모음 상품'을 만들 수 있습니다. 다채로운 제품을 한꺼번에 맛보는 것도 고객 입장에서는 꼭 해보고 싶은 특별한 경험입니

다. 그래서 저도 다양한 빵을 몇 조각씩 묶은 샘플 상품을 준비하고 있습니다. 이런 서비스는 별것 아닌 듯해도 결코 작지 않은 차이를 만들어냅니다. 실제로 이를 통해 추가 매출이 일어나고 전체 제품 판매를 촉진할 수 있습니다.

경쟁업체를 벤치마킹할 때도 내 업의 본질을 정확히 알고 있느냐 하는 점이 그래서 중요합니다. 왜 온라인 비즈니스를 하는지, 고객이 왜 내 제품을 구매하는지에 대해 확실한 답을 가지고 있어야 합니다. 업의 본질에 관한 질문을 멈추지 말아야 합니다. 앞의 샘플 빵 사례는 '고객 만족'을 업의 본질로 삼지 않으면 실행하기 쉽지 않습니다. 고객 입장에서 생각하지 않으면 나오기 어려운 발상이기도 합니다. 보통의 사업주라면 '굳이 왜? 꼭 그렇게까지 해야 해?' 하고 생각할 수 있습니다. 그들에게는 이런 시도가 아주 귀찮은 일에 불과할지도 모릅니다.

벤치마킹할 때 확인할 지점이 매우 많습니다. 재료, 품질, 디자인, 기능, 패키지(포장), 배송, 사후 서비스, 보증 등을 어떠한 의도로 어떻게 실행하고 있는지 꼼꼼하게 살펴봐야 합니다. 이들은 내 제품의 경쟁력을 높일 때 참고할 수 있는 항목들이기도 합니다. 예를 들어 제품에서 기능적인 부분을 강조하려면 좋은 재료를 써야 하고 완성도를 높여야 합니다. 또 아무리 좋은 제품이라도 고객이 선호하지 않는 디자인과 포장이라면 가치가 반감됩니다. 그렇다고 모든 부분에서 완벽할 수는 없습니다. 내가 잘 알고 잘할 수 있는 요소에 중점을 두고 차별성을 확보해나갈 필요가 있습니다. 달리 말하면, 경

쟁업체 분석과 벤치마킹을 효과적으로 하려면 내 업의 본질을 심도
있게 탐구하고 선명하게 정립해야 한다는 것입니다.

온라인 비즈니스에서 스토리텔링은 어떻게 하는 게 좋을까요?

브랜드와 상품이 넘쳐나는 온라인 시장에서 고객이 내 제품을 기억하게 만드는 일은 참 어렵습니다. 그래서 한눈에 들어오는 슬로건이나 감성적인 스토리텔링으로 고객들의 마음을 사로잡기 위해 안간힘을 쓰는 것이겠죠. 지금부터 제가 직접 고안한 사례를 통해 스토리를 제품에 어떻게 적용했고, 시장의 반응은 어땠는지 소개하겠습니다.

스토리텔링에서 중요한 포인트는 명확한 페르소나입니다. 이를테면 시나피의 대표 제품인 '울아빠빵'은 통밀 비건빵인데요. 당뇨가 심했던 제 아버지를 위해 만든 빵입니다. 항상 인슐린 주사를 소지하고 다녔을 만큼 당뇨로 고생한 아버지께서는 평소 빵을 좋아하면서도 선뜻 드실 수가 없었습니다. 우리 빵집에 올 때마다 드시고 싶은 마음에 기웃거리는 모습이 안타까웠습니다. 그래서 당뇨인들도 먹을 수 있는 빵을 만들기 시작했는데, 이것이 일명 '당뇨빵'으로 세상에 알려지게 되었답니다.

가족을 먹여 살리기 위해 피땀 흘리며 애쓴 아버지 노년에 훈장처럼 찾아온 게 당뇨병이었습니다. 그래서 빵의 색깔도 핏빛을 내려고 빨간 홍국쌀을 넣고, 혈당이 빠르게 올라가지 않는 국산 통밀로만 빵을 만들었지요. 여기에 당에 좋은 귀리를 깨끗하게 씻고 삶아서 넣었더니 '귀리빵'으로도 알려지더군요. '가족을 위해 평생을 헌신한 아버지'라는 명확한 페르소나가 있었기에 모든 이에게 어필할 수 있는 스토리를 만들 수 있었습니다.

스토리텔링을 해보라고 하면 대부분 뭐부터 해야 할지 막막해합니다. 뭔가 특별해야 한다고 생각하는 것 같

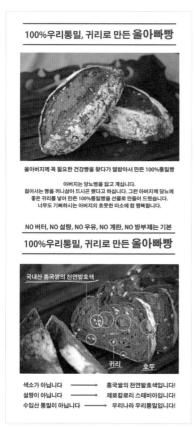

스마트스토어에서 볼 수 있는 울아빠빵 소개 상세 페이지. 제품이 탄생한 스토리와 차별점을 담았다.

아요. 그런데 오히려 자기 이야기나 일상적인 이야기가 더 큰 힘을 발휘할 수 있습니다. 그만큼 공감대가 넓기 때문이에요.

스토리텔링을 할 때는 대표 스토리와 함께 이를 매력적으로 함축한 네이밍이나 슬로건을 만들어야 합니다. 시나피를 예로 들면 "당뇨인을 위한 당뇨인의 빵! 울아빠빵" "깐깐하게 다이어트하는 언니들을 위한 언니빵"처럼 이름만 들어도 곧바로 스토리가 떠오르고 어떤 제품인지 알 수 있어야 합니다. 목적이 명확한 이름과 슬로건을 만들면 매혹적인 스토리텔링 마케팅이 가능해집니다. 남은 것은 홍보입니다. 스토리를 제품의 상세 페이지에 소개하고, 제품 배송 시 리플릿 같은 안내문에 써넣어 고객에게 전할 수 있습니다. 처음엔 효과가 적어 보일지 몰라도 꾸준히 하면 고객들의 기억에 남아 브랜드 인지도와 충성도를 올리면서 판매에 큰 도움이 됩니다.

저는 2023년 여름에 '시나피 브런치 로스터리'라는 크루아상 전문점을 새로 오픈했는데요. 1년간 준비하면서 제일 공들인 부분이 바로 스토리텔링과 여기에 걸맞은 공간 구성이었습니다. 2022년 8월, 코로나가 한창이던 시기에 두 아들을 데리고 유럽을 다녀왔습니다. 진로를 고민하는 큰아들과 사춘기로 힘들어하던 둘째 아들을 위해, 그리고 저 또한 빵의 본고장을 직접 눈으로 보고 싶은 마음에 큰마음 먹고 떠난 여행이었지요. 여행 중 이탈리아 피렌체가 제 마음속에 들어왔습니다. 고즈넉한 골목길과 탁월한 예술 작품, 왠지 모르게 그리움을 자극하는 풍경 모두가 너무나 좋았습니다.

이 여행 경험이 크루아상 전문점을 여는 직접적인 계기가 되었습니다. 두 아들과 함께한 소중한 유럽 여행을 공간으로 표현해보자는 취지에서 '시나피 브런치 로스터리'를 준비하기 시작했습니다. '시나피'라는 브랜드를 가져가되 여기에 이탈리아 아동문학의 걸작인 《피노키오의 모험》 이야기를 차별적 요소로 결합하고자 했습니다. 우리에게도 친숙한 이 작품은 세계에서 가장 많이 번역된 소설 중 하나입니다. 작가인 카를로 콜로디는 제 마음을 사로잡은 이탈리아

시나피 브런치 로스터리는 처음부터 고유의 콘셉트와 스토리에 맞춰 매장 외부와 내부를 꾸몄다.

토스카나 지방, 그중에서도 피렌체 출신이기도 합니다.

시나피 브런치 로스터리에 제페토 할아버지의 피노키오를 향한 사랑을, 한국의 평범한 어느 가장의 두 아들을 향한 무한한 사랑을 담고자 노력했습니다. 동네 뒷골목의 작은 빵집이지만 손님을 향한 진정 어린 시나피의 마음을《피노키오의 모험》과 카를로 콜로디, 그리고 피렌체와 연결 지어 표현하고자 했습니다.

어쩌면 스토리텔링은 저 멀리에 있는 것이 아닐지도 모릅니다. 바로 내 이야기, 내 경험에서 시작하기 바랍니다. 아버지의 삶, 어머니가 해주신 음식, 다이어트에 애쓰는 언니, 아이들과 함께했던 소중한 시간이야말로 특별한 이야기가 될 수 있습니다.

온라인 스토어를
목표 고객에게 노출하는
마케팅 방법을 알고 싶어요

온라인 스토어를 고객에 노출하는 방법에는 왕도가 없습니다. 각자의 역량과 상황에 맞춰 최대한 많은 사람에게 최대한 자주 제품을 선보일 방법을 찾아야 하죠. 그래서 많은 외식업 대표들이 홍보와 마케팅에 굉장히 많은 돈을 쓰고 있습니다. 적게는 전체 매출의 5%에서 많게는 15~20%까지 지출하는 업체들도 심심치 않게 봅니다.

물론 시장 진입 때처럼 공격적인 마케팅이 필요한 경우도 있습니다. 하지만 그 효과는 항상 체크를 해야 합니다. 지속적으로 홍보 비용을 투입하는데 매출이 제자리걸음이라면 본질적인 부분을 점검해야 합니다. 다른 무엇보다 품질과 차별성을 확보해야 한다는 뜻입니다. 홍보와 마케팅은 경쟁력을 갖춘 제품일 때 효과가 나타나기 때문입니다.

특히 식품을 제조·판매하는 외식업은 다른 온라인 비즈니스와는 다른 각도로 바라봐야 합니다. 대부분 온라인 비즈니스의 시작은 제품 소싱인데, 속성상 외식업은 이미 아이템이 정해져 있습니다. 이와 관련해서 간단하지만 매우 유용하고 중요한 수식 하나를 소개하겠습니다. 흔히 오프라인 식당에서 매출 향상은 두 가지 변수로 표현됩니다.

매출 향상=객수(구매 건수)×객단가(고객 1명당 평균 지출)

매출이 커지려면 손님 수를 늘리거나, 제품 가격을 올려야 한다는 점을 보여주는 단순한 수식입니다. 이 함축적인 수식은 아이디어의 시발점이 됩니다. 예를 들면 '어떻게 하면 고객 수를 늘릴 수 있을까?'라는 질문으로 생각의 물꼬를 터주는 것이죠. 하루 동안 온라인 스토어에 들어오는 평균 고객의 수를 100명 늘렸다고 생각해보세요. 이때 구매 전환율이 3%라면, 즉 실제로 구매 고객이 3명이라면 그만큼이 매출로 이어지는 것입니다. 이 3명의 고객이 흡족해할 만한 제품을 제공하면, 그 뒤를 이어 수십 명의 잠재 고객을 창출할 수 있습니다. 하루 평균 100명의 고객을 불러들이려면 어떻게 해야 할까요?

첫째, 대표 키워드를 공략하기보다는 세부 키워드를 공략해야 합니다. 대표 키워드가 조회 수가 많아 잠재 고객 유입이 용이할 것 같지만 실제로는 그렇지 않습니다. 유입이 된다 하더라도 구매로 이어지는 전환율은 현저히 낮습니다. 그에 비해 세부 키워드로 내려갈수록 조회 수는 적어도 클릭률, 즉 실제로 온라인 스토어로 들어올 가능성은 더 커져요. 그에 맞춰 구매 전환율도 높아져서 실질적인 매출 향상에 도움이 됩니다.

둘째, 대표적인 오픈마켓을 공략하기보다는 군소 오픈마켓을 먼저 공략하는 게 유리할 수 있습니다. 대표적인 오픈마켓인 네이버, 쿠팡 등은 입점 업체가 많아서 경쟁이 대단히 심합니다. 이곳에서 순위를 올리는 건 정말 만만치 않습니다. 할 수만 있다면 이곳에서 나만의 세부 키워드를 찾아 장악하는 것도 좋습니다. 다만, 잠시 눈을 돌려 옥션, 지마켓, 11번가, 롯데ON 같은 오픈마켓도 눈여겨볼 만합니다. 경쟁이 상대적으로 덜해 제품만 뛰어나다면 노력한 만큼 꽤 괜찮은 매출을 올릴 수 있습니다.

셋째, 블로그 체험단이나 SNS 체험단을 적극 활용해보세요. 오프라인 매장에서는 적지 않은 비용을 투자해서 이런 홍보 방식을 쓰는 경우가 상당히 많습니다. 그런데 온라인 스토어에서는 잘 사용하지 않아요. 시도한 적이 없다면 지금부터라도 적극 이용하기를 권합니다. 고객 체험단은 여러 장점이 있는데, 우선 온라인 비즈니스에서 매우 중요한 고퀄리티 제품 사진을 쉽게 얻을 수 있습니다. 고객들의 생생한 생각을 접할 수 있다는 점도 큰 도움이 됩니다.

고객 확보는 오프라인도 그렇지만 온라인에서는 더더욱 어렵습니다. 하지만 하나둘 단골 고객이 생기다가 임계점을 넘어서면 폭발적인 성장이 가능합니다. 위기에 강한 브랜드와 온라인 비즈니스 강자들이 모두 이 과정을 거쳤음을 잊지 말아야 합니다. 소수의 '찐팬'이 사업의 승패를 좌우할 수 있다는 마음으로 꾸준하게 노력해야 성공할 수 있습니다.

Q18.
온라인 스토어의 상세 페이지는 어떻게 제작하나요?

온라인 비즈니스에서 매출을 높이려면 상세 페이지(랜딩 페이지)를 제대로 만들어야 합니다. 그래야 온라인이라는 바다에서 고객의 마음을 사로잡을 수 있으니까요. 저만 해도 같은 제품 상세 페이지만 바꾸었을 뿐인데 두 달 사이에 10배의 매출 성장을 경험한 적이 있습니다. 이 부분은 아무리 강조해도 지나치지 않습니다. 어떻게 하면 고객의 마음을 사로잡을 상세 페이지를 만들 수 있을까요?

먼저, 식품을 제조·판매하는 외식업체의 속성상 상세 페이지에 꼭 들어가야 하는 요소들이 있습니다. 재료 수급, 제조 과정, 포장 상태, 다양한 활용, 리뷰, 혜택 등을 보기 좋게 구성하여 알려야 합니다. 이 중 차별점을 강조하며 부각시켜야 하는 부분은 페이지 상단에 배치해서 고객의 시선을 잡아야 하는데요. 해당 페이지에 고객이

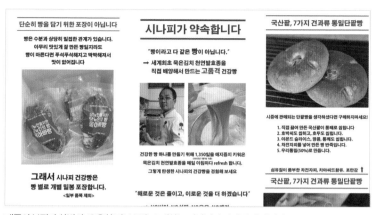

제품의 본질과 차별성, 유용한 정보 등을 소개하는 시나피의 여러 상세 페이지

최대한 오랫동안 머물게 하려면 예쁜 사진은 물론이고 '움짤(Gif)', 동영상 등을 적극 활용하는 것이 좋습니다. 핵심 경쟁력을 매력적인 영상으로 만들어 어필하면 더없이 좋습니다. 또한 경쟁업체와 비교해서 큰 장점이 없는 내용이더라도 고객 입장에서 필요한 정보라면 상세 페이지에 명시할 필요가 있습니다. 표기하지 않으면 그런 내용이 없다고 오해할 가능성이 크기 때문입니다.

상세 페이지를 만들 때 가장 중요한 건 진심입니다. 고객이 안심하고 신뢰할 수 있도록, 정직한 재료 수급 과정과 위생적인 제조 과정, 안전한 유통 과정을 분명하게 보여주어야 합니다. 또한 상품을 고객에게 전달하는 과정뿐만 아니라 수령 후 보관법, 먹는 방법(사용법) 등을 자세하게 안내함으로써 안정감과 신뢰감을 줄 수 있습니다. 이때 그림이나 영상을 활용하면 효과적입니다. 상세 페이지를 제작할 때는 고객 관점에서 바라보아야 합니다. 그래야 세세하게 고객의 욕구를 충족시킬 수 있습니다. 고객 입장에서 구매 전에 알아야 할 정보를 전달하고, 구매로 이끌 만한 우리의 매력 포인트를 어필해야 합니다.

온라인 비즈니스에서 가격은 어떻게 설정해야 하나요?

온라인 비즈니스를 할 때 가장 신경 쓰이는 것 중 하나가 가격 설정이 아닐까 싶습니다. 그만큼 까다로운 일입니다. 한번 정해놓으면 바꾸기가 쉽지 않기도 하고요. 보통 가격을 내리는 건 문제가 되지 않지만 올리는 경우에는 때로 상당한 저항에 직면할 수 있습니다. 가격 인상으로 매출이 하락하고 순식간에 고객을 잃을 수 있기에 매우 신중할 수밖에 없습니다. 그래서 저는 가격을 설정할 때 다음 세 가지 지침을 정해두고 특별한 경우가 아니라면 가급적 지키고자 합니다.

첫째, 같은 카테고리 혹은 키워드에서 1등에서 5등 사이의 경쟁업체 가격 정보를 수집합니다. 이때 단순히 가격대만이 아니라 고객 입장에서 가성비를 고려합니다. 가령 중량 대비 가격 비교, 배송비를 포함한 가격 비교, 재료의 품질 대비 가격 비교, 서비스 품목 대비 가격 비교 등 세부적 요소들까지 포함한 정보를 모아요. 고객들은 소소한 이유로 구매처를 바꿀 수 있으므로, 최대한 상세하게 정보를 살펴야 합니다.

둘째, 제품을 만들 때 인건비와 포장 재료 등을 제외한 재료 원가를 그램 단위로 세분화하여 단가를 계산합니다. 카테고리별로 다르지만 보통은 재료 원가에 2~3배를 곱한 금액을 최종 가격으로 산정합니다. 이러한 가격 설정 방법은 재료 원가 상승에 민첩하게 대응할 수 있기에 매우 유용합니다.

셋째, 미끼 상품으로 선정했다면 앞의 두 경우에서 예외로 하여 가급적 인터넷 최저가로 진행합니다. 그렇다고 해서 손해 보는 수준으로 책정하지는 않습니다. 판매자가 직접 제조하는 식품은 고객이 재료나 품질을 면밀하게 비교·분석하기 힘듭니다. 재료와 품질만큼이나 저렴한 가격도 중요합니다. 중량을 줄여 가격을 낮추는 방법을 활용할 만한데, 의외로 고객들의 반응을 이끌어낼 수 있습니다.

마진 좋고 제품의 질도 좋아 밀고 싶은 제품이라면 최저가로 갈 필요는 없습니다. 오히려 중간 가격대로 설정하는 게 좋습니다. 고객 입장에서는 가격이 싸서 샀는데 마음에 들지 않아 돈을 버린 듯한 느낌이 드는 상황을 피하려고 합니다. 그래서 본능적으로 중간 가격대를 선호하는 제품도 있습니다.

지금까지 설명한 세 가지를 신중하게 고려해서 제품의 가격을 설정합니다. 위의 방법들이 여의치 않다면 제품의 분리와 조합으로 가격 경쟁을 피하는 방법도 있습니다. 또는 수시로 가격을 변경하며 고객의 반응을 관찰해볼 수도 있습니다. 시장에서 보기 어려운 신제품을 출시할 때 사용해본 방법인데, 결과가 나쁘지 않았습니다. 물론 남발하면 안 되겠지만 때로는 이런 접근도 필요합니다. 가격 설정에 정답은 없습니다. 알려드린 내용을 참고해서 자신에게 맞는 방식을 찾아내기 바랍니다.

온라인 비즈니스를 통해 가장 크게 배운 점은 무엇인가요?

온라인 시장은 잠재력이 그야말로 무궁무진합니다. 온라인에는 어떠한 장벽도 존재하지 않으니까요. 무엇보다 시간과 장소에 구애받지 않고 사업할 수 있다는 점이 큰 장점입니다. 그만큼 무한 경쟁 속에서 지속적인 관리와 에너지가 필요하다는 뜻이기도 합니다. 온라인 시장은 상상을 초월하는 다양성이 존재하며, 생각지도 않은 곳에서 시장이 형성될 수 있다는 특징이 있습니다. 요컨대 무한한 경쟁과 무한한 가능성이 공존하는 곳이 바로 온라인 시장입니다. 그래서 저는 과거와 마찬가지로 도전을 계속하고 있습니다. 어려운 과정이지만 그러면서 배운 점이 하나 있습니다. 시장을 보통 사람들과는 조금 다른 관점에서 바라보는 눈이 생겼습니다. 지금은 경험이 쌓이고 나름대로 훈련을 계속하면서 지속 가능한 시장을 구축해가고 있습니다. 이에 대해 조금 더 자세히 말해보겠습니다.

외식업에는 상권, 아이템, 가격, 마케팅 등이 중요합니다. 그중에 상권이 차지하는 비중은 여전히 큽니다. 그래서 매장 입지에 따라 임대료도 천차만별입니다. 최근 SNS 발달로 오프라인 상권의 중요도가 조금 떨어졌다고 해도, 여전히 외식업 성공의 핵심 요소입니다. 온라인 비즈니스에서는 상권이 존재하지 않습니다. 따로 영업시간도 존재하지 않지요. 그렇기에 유니크한 아이템과 저렴한 가격, 그리고 광고가 큰 비중을 차지하게 되었습니다. 이런 상황에서 고객의 눈에 들려면 다양한 관점으로 시장을 볼 줄 알아야 합니다. 이를테면 오프라인 매장은 주변 수 킬로미터 안 불특정 다수의 소비 패턴을 분석해서 아이템을 선정해야 합니다. 그러나 온라인 시장에서는 특별한 아이템을 찾는 소수 고객을 공략하는 전략이 통할 수 있습니다.

좀 더 구체적인 예를 들어보지요. 특정한 사람들만 먹을 수 있는 매운 김치, 암 환자를 위한 12곡물빵, 채식주의자들이 선호하는 비건 샌드위치, 비만인 아이들을 위한 무설탕 과자 같은 아이템은 일반 오프라인 매장에서는 수익을 내기 어렵지만, 온라인에서는 충분히 가능합니다. 오프라인 사업에서는 피해야 할 아이템이 온라인에서는 효자 상품이 될 수 있다는 뜻입니다. 쉽게 구할 수 없는 아이템이다 보니 품질이 높으면 입소문도 빠르게 퍼진다는 장점도 있고요.

무엇보다 온라인 비즈니스는 장벽이 없어서 꼭 국내에서만 판매해야 하는 것도 아닙니다. 동네에는 제품에 관심 있는 사람들이 별로 없을지 모르지만 전국으로 범위를 넓히면 공략할 수 있는 시장은 결코 작지 않습니다. 더 나아가 외국, 그리고 전 세계로 시야를 넓히면 헤아릴 수도 없을 정도로 수요가 커집니다. 정말이지 온라인은 우주처럼 넓고 깊습니다.

물론 아이템과 자기 역량에 따라서 성과는 다르겠지만, 아이템부터 판매 방식, 마케팅 등 거의 모든 요소를 더 넓게 입체적으로 생각해볼 필요가 있습니다. 저만 해도 힘든 과정을 겪으며 누군가는 흘려보낼 수 있는 알토란 같은 아이템을 발견하는 눈을 키울 수 있었습니다. 무엇과도 바꿀 수 없는 큰 재산입니다. 컴퓨터 활용과 디자인, 데이터 분석 등 다양한 역량을 습득할 수 있었다는 점도 중요합니다.

저는 제가 예외적인 경우라고 생각하지 않습니다. 의지를 가지고 꾸준히 도전한다면 누구에게나 가능하다고 생각합니다. 시작이 반입니다. 아마 시작을 준비하는 분이라면 느낄 수 있을 거에요. 스스로가 얼마나 성장하고 있는지 말이죠. 그러니 온라인 비즈니스에 관심이 있다면 진지하게 도전해보세요. 지금 온라인 사업을 하고 있는 분이라면 계속 정진하기 바랍니다. 노력하다 보면 곧 기회의 문이 열릴 거라 믿습니다.

6장

다점포 경영 편

오동엽 대표

하나가 아닌
여러 매장을 운영하는
특별한 이유가 있나요?

많은 사람에게 받는 질문입니다. 여러 매장을 하니 부럽기도 하고 또 어떻게 다점포를 운영하게 됐는지 궁금하다고 합니다. 그런데 남의 떡이 커 보인다고, 저는 외려 탄탄한 기반을 가지고 오래 성장하고 있는 단일 매장이 부럽습니다. 매장의 수는 중요하지 않다고 생각합니다. 솔직히 말씀드리면, 저는 하나든 여럿이든 오래가는 매장을 꿈꾸고 있답니다.

흥미로운 얘기를 하나 해볼게요. 요즘 다점포를 주제로 유튜브 채널을 운영하거나 강의를 하는 이들이 많습니다. 그런데 알아보니 실제 다점포를 경영하는 경우는 거의 없더군요. 궁금했습니다. 영상에는 분명 오토 매장 성공 사례를 소개하고, 사장 없이도 잘 돌아가는 다점포를 강조하면서 왜 정작 본인들은 매장 운영을 안 할까요?

제가 보기에 시스템이 외식업의 핵심 성공 요소는 아닙니다. 그건 기본입니다. 대기업이 직영하던 식당들이 시스템이나 매뉴얼을 못 만들어서 사양길로 접어들었을까요? 이들 업체의 시스템과 매뉴얼은 철저하고 잘 짜여져 있습니다. 시스템이나 매뉴얼이 핵심은 아니라는 뜻입니다.

다들 다점포 운영은 매장 하나 운영하는 것과 차이가 크다고 합니다. 실제로 새로운 브랜드를 내세워서 다점포 사업을 하다가 실패하는 경우를 종종 봅니다. 제가 보기에 하나의 가게로 승부를 볼 건지 다점포로 갈 건지를 결정하는 요인은 단순합니다. 바로 대표의 철학 내지는 성향이에요. 저는 경기도 이천의 오동추야나 청주의 대산보리밥 같은 대박 식당 단일 점포가 부럽습니다. 그런데 솔직히 저는 그럴 자신이 없습니다.

제가 다점포를 하는 이유 중 하나는 단일 매장으로는 제가 원하는 수준의 매출을 내기가 어렵다고 보기 때문입니다. 그래서 '1+1=3' 전략이라고 할까요, 여러 매장을 통해 시너지를 내는 전략을 취합니다. 일단 볼륨을 키워야 다음 단계로 가는 데 유리하거든요. 외식업 성패의 근간은 매출입니다. 매출이 있어야 사업을 유지할 수 있습니다. 금융기관에 대출을 신청할 때도 유리하니 그래야 사업 확장도 할 수 있습니다. 일종의 지렛대 효과지요.

매장을 운영하다 보면 인력난으로 힘들 때가 있습니다. 다점포는 확보한 인력 풀로 다른 매장을 지원할 수 있다는 장점도 있습니다. 뛰어난 직원을 선발해 관리자나 운영자로 키울 수 있습니다. 잘 키

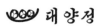

현재 오동엽 대표는 다양한 브랜드를 운영하며 시너지를 창출하고 있다.

운 관리자 1명이 10명 몫을 해냅니다. 제 경험으로는 이것만큼 보람 있고 확실하게 성장하는 방법도 없습니다.

혹시 하나의 가게를 운영할지 아니면 다점포로 갈지 고민하고 있다면, 가장 먼저 자기를 살펴보아야 합니다. 본인의 성향과 경험과 강점이 둘 중 어느 쪽에 맞는지 신중하게 알아보는 게 우선입니다. 다점포가 단독 매장보다 좋은 것도 아니고 나쁜 것도 아닙니다. 내게 잘 맞고 내가 잘할 수 있는 방향으로 가는 게 중요합니다. 본인이 요리를 잘하고 장인정신이 강하다면 단독 매장이 나을 수 있습니다. 마찬가지로 사업가 기질이 있고 멀티태스킹과 소통에 강점이 있다면 다점포 전략을 취하는 게 더 나은 결정일 수 있습니다.

어떤 일이든 그 일의 핵심을 파악해야 성공할 수 있습니다. 근본이 부실하면 외부 환경이 조금만 바뀌어도 흔들리기 쉬우니까요. 제가 생각하는 다점포 경영의 핵심은 아이템(item), 자본(money), 사람(people)입니다. 저는 이 세 가지를 줄여서 'IMP'라고 부릅니다. 지금부터 하나씩 살펴보지요.

가장 먼저 아이템이 좋아야 합니다. 다점포의 특성상 관리와 시스템이 수월하면서도 유행에 뒤처지지 않는, 흐름을 잘 타는 아이템이 이상적입니다. 어떻게든 이런 아이템을 찾아야 합니다. 예를 들어 경기가 어려울 때는 사람들이 복고풍을 선호하기에 예전에 많이 먹던 냉삼(냉동 삼겹살)이라든지 풍성한 채소로 쌈을 싸서 먹는 대패삼겹살 같은 아이템이 잘 맞습니다. 최근에 유행할 만한 아이템이나 어느 정도 기간을 두고 돌고 도는 트렌드를 빠르게 파악할 수 있어야 합니다. 특이한 아이템을 선점하는 것도 하나의 방법입니다. '눈꽃빙수'로 히트 친 사례나 얼음 맥주로 폭풍 성장한 역전할머니맥주도 여기에 해당합니다.

사회적 거리 두기가 한창이던 코로나19 시기에는 식당 인테리어나 분위기를 제주 콘셉트로 꾸민 식당이나 술집들이 손님들의 발길을 끌었습니다. 여행하고 싶은 욕구에 잘 부합했기 때문일 겁니다. 코로나 팬데믹 기간에는 그동안 외식업계에서 비주류였던 배달업이 정말이지 엄청나게 성장하기도 했습니다.

외식업의 트렌드가 갈수록 빠르게 변하고 있습니다. 프랜차이즈 사업이나 다점포의 경우 트렌드를 잘못 읽거나, 뒤처지면 위기에 빠집니다. 끊임없이 공부하고 아이템을 발굴해야 하는 이유가 여기에 있습니다. 물론 트렌드와 상관없이 다점포로 성공하는 사례도 있습니다. 가령 음식에 정말 자신이 있다면 그 또한 필살기일 수 있습니다. 압도적인 맛으로 여러 매장을 운영해서 승승장구하는 경우도 드물지 않습니다. 다만 맛으로 승부하려면 대표 메뉴가 진짜 '온리원'으로 특별해야 합니다.

두 번째는 자본, 즉 돈입니다. 내가 돈이 많으면 가장 좋겠지만, 그렇지 않다면 금융권을 잘 이용하거나 자금이 풍부한 파트너와 협업하는 식으로 투자를 유치해야 합니다. 다점포는 다양한 업종을 운영하면서 아이템을 바꾸거나 매장을 내고, 적절한 시점에 양수·양도해야 하는 수도 있기에 자본에 여유가 있어야 합니다. 이는 다점

다점포 경영의 핵심 3 요소
I M P

아이템
빠르게 변화하는 외식업의 트렌드
유행에 뒤쳐지지 않는 아이템이 이상적

자본
금융권을 잘 이용
자금이 풍부한 파트너와의 협업
미래를 위한 자금 비축

인력
역량을 가지고 있는 인재 유치

다점포 경영의 성과는 결국 아이템과 자본과 인력을 어떻게 경영하는지에 달렸다.

포 경영자의 가장 중요한 역할 중 하나입니다. 자본을 제때 확보해야 위기의 순간은 물론이고 재투자 시점에 적절한 대응이 가능합니다. 그래서 장사가 잘될수록 낭비하지 말고 자금을 살뜰히 비축해둬야 합니다.

마지막은 '인력'입니다. 제가 생각하는 가장 중요한 포인트인데요. 아이템과 자본이 있어도 사람이 없으면 아무것도 할 수 없습니다. 결국 매장을 운영하고 중요한 결정을 하고 수익을 내는 건 매장의 관리자와 일선에서 일하는 직원들이에요. 특히나 요즘처럼 인력난이 극심한 상황에서 경쟁력 있는 직원을 영입하는 일이야말로 다점포 운영의 핵심이라 할 수 있습니다.

요식업의 특성상 역량이 출중한 인력을 찾기가 만만치 않습니다. 점차 나아지고 있다고는 하지만 요식업은 시쳇말로 '몸빵'하는 일이라는 인식이 여전히 강합니다. 돈을 많이 벌 수 있는 구조를 짜서 역량 있는 인재를 유치할 수 있어야 합니다.

정리해보지요. 현재 다점포를 운영하고 있다면, 또는 다점포에 관심이 있다면 IMP를 명심하세요. 아이템(item), 자본(money), 사람(people)이야말로 다점포 경영의 성패를 좌우하는 열쇠입니다.

여러 매장에
필요한 아이템은
어떻게 찾나요?

기본적으로 벤치마킹을 많이 합니다. 쉽게 말해서 남의 식당을 부지런히 찾아다니는 거지요. 얼마나 열심히 다니냐고요? 2020년에 산 카니발로 2023년 여름까지 11만 킬로미터를 넘게 달렸습니다. 전국 방방곡곡, 특이하거나 유명하다고 하면 업종 불문하고 무조건 가봅니다.

벤치마킹을 열심히 하면 유익한 점이 많습니다. 둘러보다 보면 저 자신과 우리 매장의 문제점을 알 수 있고, 책이나 교육으로 배울 수 없는 걸 얻을 수 있습니다. 전국 곳곳 다양한 상권을 둘러보다 보니 자연스레 시장을 보는 안목도 넓어집니다. 그래서 새로 매장을 낼 때 초보자들은 보지 못하는 좋은 입지를 발견하곤 합니다. 특정 상권에 맞는 아이템을 보는 눈도 기를 수 있으며, 뜨고 지는 아이템도 빠르게 파악할 수 있다는 점도 벤치마킹의 장점입니다.

2019년 목포에 역전할머니맥주를 창업할 때의 일입니다. 어느 날인가 웬 이름도 촌스러운 맥줏집이 상권도 별로 안 좋은 곳에서 선방하고 있다는 이야기를 들었습니다. 당시 전라남도 순천에 위치한 역전할머니맥주 지점은 작은 술집이었는데, 저렴한 안주에 '얼음맥주'라는 특이한 아이템으로 히트를 치고 있었습니다.

당시는 술집 시장에서 봉○비어를 위시한 스몰비어가 저무는 상황이었거든요. 순천에 가서 직접 보니, 과연 역전할머니맥주가 새로운 아이템이 될 수 있겠다는 생각이 들더군요. 그때부터 전국에 있는 역전할머니맥주 매장을 거의 다 돌아봤습니다. 프랜차이즈 초창기여서 그런지 대부분 매장 규모가 작고 상권도 별로인 곳에 있더군요. 그런데 신기하게도 장사가 다 잘됐습니다. 그때 '더 좋은 상권에서 더 크게 하면 더 잘되겠구나' 하는 확신이 섰습니다. 그래서 당시 목포 최고 상권의 메인 자리에 오픈했고 그야말로 초대박을 쳤습니다. 누군가는 운이 좋았다고 할지 모르지만, 그렇게 되기까지 벤치마킹을 얼마나 열심히 했는지 모릅니다.

아이템을 찾는 두 번째 방법은 인적 교류와 공부입니다. 제게 이 둘은 동전의 양면과 같습니다. 교류하며 공부하고 공부하며 교류하고 있으니까요. 제가 사는 목포는 인구 23만의 중소 도시입니다. 장사를 시작할 때부터 제 꿈은 목포에 머무르지 않았습니다. 장사 고수가 있다고 하면 일단 찾아가서 인사를 드리고 하나라도 배우려고 했습니다. 그리고 학교 다닐 때도 안 하던 공부를 열심히 했습니

벤치마킹과 공부 그리고 인적 교류야말로 아이템을 찾는 최고의 방법이다.

다. 필요한 교육이다 싶으면 어디든 찾아갔습니다. 비싸도 좋은 교육이다 싶으면 빼먹지 않고 수강했습니다. 이 밖에도 컨설팅 의뢰를 비롯해서 할 수 있는 건 다 해본 거 같습니다.

그런데 이름난 교육은 대부분은 서울에서 열리는 경우가 많더군요. 매번 목포에서 서울까지 가는 일은 정말 쉽지 않았습니다. 그러면서 확실하게 알게 되었습니다. 장사를 잘하는 사람들일수록 열심히 배운다는 사실을요. 저도 그래야겠다 싶어 웬만한 강의는 다 들었습니다. 교육에서 만난, 전국의 잘나가는 사장들과 친분을 쌓고 교류하려고 애썼습니다. 진심으로 대했고 최선을 다해 배우고자 했습니다.

외식업계에서 각자의 방식으로 일가를 이룬 모든 사장이 제 스승이었습니다. 돌아보면 내용이 탄탄한 교육과 함께 오랜 시간 실전에서 단련된 대표들의 진실한 조언이 저를 성장시켰습니다. 훌륭한 사장들을 보고 배우면서 역량을 키웠고, 그만큼 우리 매장도 발전했습니다. 매장 수도 늘어나고 프랜차이즈 사업으로 확장할 수 있었습니다. 그래서 지금도 인적 교류와 공부만큼은 제 본업이란 마음으로 공을 들이고 있습니다.

다점포 각각의 매장에서 일할 직원을 어떻게 구하나요?

요즘처럼 직원 구하기가 힘들 때가 없었던 것 같습니다. 제가 아는 어느 대형 식당은 직원을 못 구해서 2층 매장은 닫고 1층만 영업하고 있을 정도라고 합니다. 다들 마찬가지겠지만 다점포를 운영하는 제게도 인력난은 남의 일이 아닙니다. 사람 구하기 힘들다고 손 놓고 있으면 안 됩니다. 구인은 아무도 대신해주지 않을뿐더러 인재가 제 발로 찾아오는 경우도 없으니까요. 이럴 때일수록 대표가 중심을 잡아야 합니다.

구인의 기본 원칙은 '적재적소(適材適所)'입니다. 그 일에 맞은 사람을 찾아서 적합한 직위와 업무를 맡기는 게 제1원칙이지요. 이를 위해서는 구인자 또는 경영자가 자기 매장에 대해 잘 알고 있어야 합니다. 객관적으로 강점과 약점을 파악하고 지향하는 비전과 인재

상도 진지하게 생각해봐야 합니다. 그래야 인재를 적재적소에 배치할 수 있습니다. 비전과 인재상에 맞는 사람일수록 오래 일할 가능성이 높습니다. 외식업은 이직률이 높기로 유명합니다. 사람을 어렵게 구했는데 얼마 안 되어 그만두는 일이 반복되면 시간과 노력을 허비하게 됩니다.

또 하나, 역량 있는 인력을 구하려면 매장이 성공해야 합니다. 매장이 성장하려면 뛰어난 인재가 필요하니 역설적으로 들릴지 모르겠지만, 이 또한 엄연한 사실입니다. 실제로 제가 20년 넘게 다양한 방식으로 동업하면서 큰 문제가 없었던 이유는 성공 확률이 높았기 때문입니다. 투자자에게 약속한 대로 수익을 분배해왔기에 문제가 없었던 것이죠. 심각한 인력난에도 비교적 수월하게 사람을 구하고 인력 문제를 겪지 않은 것도 같은 이유입니다. 직원들에게는 안정적인 급여와 일자리를 제공했기 때문입니다.

당연한 말이지만, 직원과 돈 문제로 트러블이 없어야 합니다. 약속한 월급을 제때 지급하고, 장사가 잘되면 성과급도 고려해야 합니다. 모름지기 대표라면 줄 거 제대로 주고, 요구할 건 당당하게 요구할 줄 알아야 합니다. 또한 직원들에게 가슴 뛰는 비전을 제시해야 하고요. 저는 능력 있는 직원이 본인 매장을 경영하고 싶어 한다면 적절한 시점에 이를 도와주려고 합니다. 오래 함께하고 싶은 직원에게는 지분 투자의 기회를 마련해주는 것도 하나의 방법입니다.

월급 많이 주고 장사가 잘되고 배울 점이 있는 식당일수록 직원 구하기 수월합니다. 여기에 더해 매장 분위기, 특히 직원들 간의 전

구인의 기본 원칙은 적재적소이다.

반적인 분위기가 이직률과 인재 유지에 영향을 미칩니다. 직원들이 서로 마음이 맞아야 하고, 불화나 갈등이 빈번하면 안 됩니다. 그래서 좀 이상하게 들릴지 모르지만, 구인만큼이나 부적합한 인력을 내보내는 일에도 신경을 써야 합니다.

　외식업은 감정 노동이 필요한 대표적인 분야이면서 육체적 노동 강도도 셉니다. 안 그래도 힘든데 불성실하고 몰지각한 직원과 같이 일하게 되면 다른 직원들은 온종일 스트레스에 시달리게 됩니다. 그러면 직원들 간의 관계뿐 아니라 고객 서비스에도 악영향을 미치고요. 미꾸라지 한 마리가 온 웅덩이를 흐려놓는다는 말처럼 부정적인 한 사람이 매장 분위기를 망쳐놓습니다. 그런 일이 있을 때는 단호하게 경고하거나 책임을 묻고, 그래도 개선이 안 되면 해고해야 합니다. 이 또한 대표가 해야 할 역할 중 하나입니다.

Q25.

사장 없이 다점포를 잘 돌아가게 하는 노하우가 있을까요?

사장이 없어도 잘 돌아가는 매장을 만드는 제 비결은 바로 직원을 오너로 키우는 겁니다. 그런데 직원한테 오너처럼 일하라는 말은 어찌 보면 난센스입니다. 어찌 급여 받는 사람이 오너의 마음으로 일할 수 있겠습니까? 설사 그런 직원이 있다면 정말 감사할 일이지만 실제로는 매우 드뭅니다.

이런 현실을 직시하고 제가 고민 끝에 찾아낸 대안은 '지분제'입니다. 직원이 단순히 월급쟁이가 아닌 파트너로서 같이 투자하고 이익을 나누는 것입니다. 단, 리스크는 제가 책임집니다. 혹시나 장사가 안됐을 경우 투자금을 보전해준다는 뜻입니다. 직원이 큰 잘못(공금 횡령, 음주 운전, 성폭행 등)이나 해로운 행위를 하지 않았고, 나름대로 열심히 했음에도 매출이 나오지 않는다면 오너가 책임을 지는 것이지요. 그러면 직원 입장에서는 리스크가 없어집니다. 장사가 잘 되면 그에 따른 수익은 온전히 가져가는 거고요.

어떤 이들은 위험 부담 없는 투자가 어디 있느냐고, 왜 굳이 그렇게까지 하냐고 물음표를 던집니다. 그러면 저는 묻습니다. 월급 받는 직원에게 오너처럼 생각하고 행동하라는 건 합리적일까요? 그게 아니라면 파트너로 대우하는 게 맞다고 봅니다. 그게 제 방식입니다. 위험성 없는 지분 참여라는 방법으로 함께 비즈니스를 키우고 있는 것입니다.

저는 직원들에게 사장이 될 수 있다는 꿈을 심어주고 이를 실제로 이룰 수 있도록 돕습니다. 처음엔 작은 지분이라도 제시함으로써 참여를 이끕니다. 그러고는 역량과 성과에 따라 지분을 늘리거나 매장을 확장할 때 참여할 기회를 제공합니다. 능력 있고 꿈이 있는 직원과 공동으로 투자하고 이익을 배분하는 방식으로 매장을 확장하고 있는 것입니다. 최근 오픈한 매장도 직원이 투자자로 참여했습니다.

실력은 출중한데 돈이 부족한 직원은 적극적으로 지원해줍니다. 그러면 직원은 책임감을 키울 수 있고 성장 동기도 커집니다. 예를 들어 투자금이 부족한 직원에게는 주류 대출 등을 통해 자금을 지원합니다. 또한 최소 투자금 1,000만 원에 10% 지분이 원칙인데 300만 원이 부족한 직원이 있다면 그 금액에 똑같은 지분을 부여합니다. 직원이 투자 원금을 회수할 때 매장의 지분 5%를 무상 증여해주는 제도도 운영하고 있습니다.

투자한 사람도 엄연히 지분이 있으니 동기 부여가 확실하게 됩니다. 다만, 아무 조건 없이 지분을 양도하지는 않습니다. 반드시 자기 돈을 투입한다는 원칙을 지키고 있습니다. 본인 돈을 투자할 때는 그러지 않을 때와 천지 차이입니다. 우리 매장의 직원들은 급여 등을 모아서 추가로 지분을 사거나 신규 매장에 투자할 수 있습니다. 그러다 보니 씀씀이를 줄이고 돈을 모으는 직원들도 많습니다.

또 다른 방법을 소개하겠습니다. 매장의 성과 기준을 정하고 이를 달성하면 유리한 조건으로 지분을 늘릴 기회를 제공합니다. 매장이 대박 나서 수익이 많이 났는데 자기 지분이 너무 적으면 고생한 보람이 덜할 겁니다. 그래서 저는 창업 대출과 주류 대출 등을 활용해 지분 참여 기회를 넓혀주는 방법을 모색하고 있습니다. 물론 쉬운 일은 아니지만, 직원의 성장이 곧 나의 성장이라고 믿으며 노력하고 있습니다.

다점포 오너의 역량은 이런 데서 나온다고 생각합니다. 대표는 유능하게 자금을 운용할 줄 알아야 합니다. 자기 자본이 많거나 대출이나 금융권의 투자 등을 잘 활용하는 등 자본 공급을 잘해야 위기 상황에 대처할 수 있습니다. 기회를 잡아 비즈니스를 확장할 때도 돈 걱정 없이 최선의 방안을 추진할 수 있습니다.

그동안 저 없이도 매장이 잘 운영되게끔 다양한 방법을 시도해 왔습니다. 그중 직원들에게 더 많은 돈을 벌 기회를 제공하고 비전을 공유하는 것만큼 확실한 건 없습니다. 다점포를 운영하는 경영자라면 꾸준히 수익이 나는 구조를 만들어내야 합니다. 경영자가 이런 역량을 보여주면 직원들은 오너를 믿고 더 나은 미래를 꿈꾸며 함

다점포를 제대로 운영하려면 지분제와 비전 제시, 교육 등 다양한 시도와 노력이 필요하다.

께하고 싶어 합니다.

저는 매장의 운영 방침이나 근무 기준 같은 세부 사항은 매장 관리자에게 맡깁니다. 직원 채용부터 매장 운영, 정산에 이르기까지 일체 간섭을 안 합니다. 매장 운영자가 오너처럼 책임 의식을 갖기 바란다면 그만한 권한을 부여해야 합니다. 한 매장을 책임지는 오너답게 모든 걸 본인 재량껏 운영하도록 해야 한다는 뜻입니다.

총괄 책임자로서 제 역할은 매장 운영자가 교육이나 벤치마킹을 통해서 자기 역량을 업그레이드할 수 있는 장을 제공하는 것입니다. 그래서 좀 번거롭더라도 함께 벤치마킹을 다니고 고가의 교육이더라도 필요하다면 수강하게끔 합니다. 물론 비용은 대부분 회사에서 부담합니다.

자본만 투자한 파트너의 경우에는 수익 배분에 초점을 맞추고 매장 운영에는 일체 간섭을 못 하게 합니다. 운영은 운영자가 하고, 투자자는 말 그대로 투자에 따른 수익만 가져가는 것이지요. 다만 투자자 중에 운영도 하고 싶은 사람의 경우 운영과 투자를 병행하기도 합니다.

생각이 다른 이들도 있겠지만, 저는 외식업의 핵심은 시스템이나 운영 지침이 아닌 '사람'이라고 믿고 있습니다. 시스템을 만드는 것도 사람이고, 매장을 운영하는 것도 사람이라는 게 제 신념입니다. 각 매장의 운영자를 잘 키우고 동반 성장할 수 있느냐가 제가 생각하는 다점포 성공의 관건입니다.

다점포 경영에 필요한 자본을 어떻게 확보해야 하나요?

여러 매장을 경영하는 데 있어 자본은 매우 중요합니다. 아무리 아이템이 좋고 뛰어난 인력이 있어도 자본이 없다면 무용지물입니다. 비즈니스를 시작할 수조차 없으니까요. 다점포 운영은 많은 매장과 인력을 유지해야 하기에 자본의 뒷받침이 필수입니다. 게다가 점포를 매입하거나 부동산 개발로 넘어가는 경우도 있기에 더더욱 자본이 중요합니다.

기본은 자기 자본입니다. 타고난 금수저이든 자수성가해서 돈을 벌었든지 간에 본인 자금이 어느 정도는 있어야 합니다. 예를 들어 부동산을 매입한다면 총비용의 최소한 30%는 본인 자금으로 충당할 수 있어야 합니다. 전체적으로 자기 자본이 70%는 되어야 한다고 봅니다. 대출이 너무 많으면 장사가 안되거나 경기 침체 같은 돌발 위기에 직면했을 때, 존폐의 기로에 설 수 있습니다. 경기가 안 좋을수록, 사람이든 기관이든 돈 빌려준 쪽은 돈 빌린 사람 사정을 봐주지 않습니다.

저는 2024년 9월 현재 총 16개 매장을 관리하고 있습니다. 단순히 매장당 2억씩 잡아도 자본금 30억이 훌쩍 넘습니다. 저도 당연히 빚이 있고 지분이 나뉘어 있습니다. 본인 매장 하나 운영하는 거면 몰라도 다점포 경영으로 가면 자기 돈만으로는 어려운 게 사실입니다. 얼마나 일반화할 수 있을지 모르겠습니다만, 제 경우를 예로 얘기해보겠습니다.

자본 확충의 관건은 좋은 투자자입니다. 여기서 말하는 투자자는 개인뿐 아니라 기관까지 포괄합니다. 그럼 '좋은 투자자'를 어떻게 만날 수 있을까요? 자본을 확충하려는 사람이라면 이 질문에 대해 나름의 답을 가지고 있어야 합니다. 좋은 투자자를 만나는 방법은 단순합니다. 돈을 벌어다 주면 됩니다. 그러려면 다른 무엇보다 본인이 장사를 잘해야 합니다. 다시 말해 장사를 잘해서 수익을 창출하고 약속한 대로 투자자에게 잘 배분해주면 됩니다. 그러면 좋은 평판이 누적되고 밖으로 퍼지면서 좋은 투자자들이 알아서 찾아옵니다. 은행이나 주류회사에서 해주는 창업 대출도 마찬가지입니다. 매출이 성장세를 보이고 장사가 잘될수록 대출을 쉽게 많이 해줍니다.

제가 새로 매장을 준비할 때, 주류회사에서 일반적인 경우보다 최소 2배에서 많게는 4배까지 대출해주기도 합니다. 왜일까요? 한마디로 이제껏 오픈한 매장들에 손님들이 몰리고 매출이 계속 우상

향을 찍고 있기 때문입니다. 장사가 잘되다 보니 투자 제안도 많이 들어옵니다. 새 매장을 준비할 때 좋은 조건으로 자금을 확보할 수 있어 그 덕에 많은 매장을 열 수 있었습니다.

레버리지(leverage)는 우리말로 '지렛대'를 뜻합니다. 무거운 물건을 움직이는 데에 쓰는 도구인데, 비유적으로는 어떤 목표를 달성할 수 있도록 하는 수단이나 힘을 말합니다. 경영에서 말하는 '레버리지 효과'는 기업이나 개인이 차입금 등 타인의 돈을 활용해서 이익을 늘리는 걸 말합니다. 이는 다점포 경영에도 적용됩니다. 제 경우만 봐도 매장 1개가 2개가 되고 3개가 되고, 계속 확장해 10개를 넘기는 일은 타인의 자본이라는 레버리지가 없었다면 불가능했을 겁니다. 이 레버리지를 지속적이고 안정적으로 활용하려면 결국 장사를 잘해야 합니다. 상품력과 영업력을 높이고 그에 따른 매출 증가가 이어져야 합니다. 그게 자본 확충의 기본입니다. 그래야 기관이든 개인이든 좋은 투자자를 만날 수 있습니다.

삼성이나 애플 같은 거대 브랜드는 홍보에 매진하며 광고에 막대한 돈을 쏟아붓고 있습니다. 외식업이라고 별반 다르지 않습니다. 그런데 대부분 사장이 광고비를 아까워합니다. 저도 사실 그렇습니다. 당장 효과가 나오는 부분이 아니니까요. 특히 음식을 만들어 파는 입장에서는 더욱 광고가 꺼려지는 측면이 있습니다. 맛있으면 그만이라는 인식이 있기 때문입니다. 그럼에도 불구하고 홍보와 광고는 꼭 해야 합니다. 어떤 식당이든 요즘엔 선택이 아닌 필수입니다. 그래야 살아남을 수 있으니까요.

예전에는 이른바 '오픈발'이란 게 있었습니다. 어떤 식당이든 새로 문을 열면 일단 사람들이 몰리는 거죠. 그래서 품질과 차별성을 갖춘 매장이라면 입소문과 함께 매출이 상승하면서 비교적 빨리 자

리를 잡을 수 있었습니다. 요즘은 사정이 많이 달라졌습니다. '오픈
발'조차 점점 기대하기 어려워지고 있습니다. 널린 게 식당이다 보
니 선택 폭이 상당히 넓어졌고, 웬만한 먹거리는 배달이나 밀키트
등으로 쉽게 구할 수 있습니다. 그러다 보니 잘 준비된 식당도 개업
하고 자리 잡는 데 과거에 비해 더 오래 걸리기 쉽습니다.

오늘날 트렌드는 급격히 변하고 고객들의 선택 성향도 자주 바뀝
니다. 사정이 이렇다 보니 방심하면 제대로 알려지기도 전에 도태되
어버릴 수 있습니다. 상품력이 좋다고 해서 손님들이 알아서 찾아올
거로 기대해서는 안 됩니다. 어떻게든 알리고 조금이라도 빨리 고객
들이 음식을 맛보게 해야 합니다. 그런 의미에서 광고는 선택이 아
닌 필수이며, 사업성을 끌어올리는 중요한 요인 중 하나입니다.

그럼 홍보를 할 때 무엇부터 생각해야 할까요? 요즘은 광고할 만
한 매체가 참 많습니다. 온라인만 봐도 포털 기반의 검색 광고는 물
론이고 유튜브, 페이스북, 인스타그램 등 다양한 매체가 있습니다.
광고 매체가 다양할수록 선택 기준을 잘 정해야 합니다. 내가 가진
상품성과 매장의 위치, 주된 공략 대상을 정한 후에 자금 형편에 맞
춰 매체를 결정해야 합니다. 또 필요에 따라 체험단과 리뷰 이벤트,
할인 이벤트 등도 고려해야 하고요.

자금이 부족하다면 어떻게 해야 할까요? 광고를 포기해야 할까요?
아닙니다. 돈 안 드는 고전적인 방법이라도 열심히 시도해야 합니다.
발품을 팔아 전단지 돌리고 현수막 거는 등 작은 거 하나라도 시도해
야 합니다. 노출이 곧 매출이라는 자세로 최선을 다해야 합니다.

어찌 보면 홍보는 내 식당을 사랑하는 마음과 우리 식당의 매력을 세상 사람들에게 아낌없이 표현하는 일이에요. 따라서 블로그나 SNS에 직접 글을 올리는 것도 방법입니다. 매일매일 우리 매장의 일들을 기록하세요. 어떤 날은 음식을 만드는 과정을 소개하고, 어떤 날은 메뉴에 대한 설명을, 때로는 손님의 반응을 적는 거예요. 손님들이 우리 식당과 음식에 대해 궁금해하는 내용을 질의응답 형태로 기록해도 좋아요. 대단한 글을 쓰겠다는 욕심보다는 우리 가게에서 일어나는 다채로운 일들을 기록으로 남긴다는 생각으로 쓰면 됩니다. 홍보가 목적이라면 블로그나 페이스북, 인스타 등에 우리 가게를 계속해서 노출을 시키는 게 포인트입니다. 글이든 영상이든 꾸준함이 매우 중요합니다.

또 하나 꼭 강조하고 싶은 사항이 있습니다. 식당 사장 자신부터가 홍보 매체라는 점입니다. 외모나 접객 태도, 목소리 톤까지 모두 홍보의 일환이 될 수 있습니다. 그러므로 사장 스스로 홍보맨이 되어야 합니다. 고객 마음에 매력적으로 기억된다면 그 매장의 여운은 오래갈 것입니다.

지금까지 홍보와 광고의 중요성에 대해 얘기했습니다만, 그보다 더 중요한 것이 있습니다. 바로 우리 매장의 '본질'입니다. 제가 길게 설명하지 않아도 시작할 때는 엄청 핫했다가 금방 시들해지는 브랜드들을 많이 봤을 겁니다. 왜일까요? 본질이 약해서입니다. 뿌리를 튼튼히 하지 않고 바이럴 마케팅에 의존하면 고객들은 금세 외면합니다. 물론 돈이 엄청 많아서 끊임없이 광고를 퍼부어서 신규

광고와 마케팅은 비용이 아닌 투자이며, 다양한 시도를 통해 고객에게 식당을 알리는 적합한 방법을 찾아내야 한다.

고객을 끌어들일 수 있다면 모르겠지만, 그럴 수 있는 경우가 과연 얼마나 될까요?

결국 재방문율이 관건입니다. 다시 말해 기존 고객의 재방문과 신규 고객 유입이 계속되어야 성장할 수 있습니다. 광고는 새로운 고객 유치에 도움이 되지만 재방문에는 효과가 없습니다. 본질이 받쳐주지 못하면 광고 효과는 신기루처럼 사라집니다. 만족한 고객만이 다시 찾아온다는 걸 잊으면 안 됩니다.

제가 말하는 본질은 음식의 맛이 아닙니다. 맛을 일정 수준 유지하고 꾸준히 개선하는 건 기본입니다. 그 외에 매장의 전체적인 분위기, 인테리어, 조명, 그리고 사장을 비롯한 종업원들의 태도와 복장 등 이 모든 것들이 다 본질입니다. 무엇 하나 방심하지 않고 챙기고 점검하면서 개선해나가야 합니다. 그래서 외식업이 그토록 어려운 겁니다.

사랑하는 사람을 만나는데 제대로 씻지도 않고 매일 똑같은 옷차림을 한다고 생각해보세요. 결과가 어떨지 불 보듯 뻔합니다. 사랑받으려면 청결하게 스스로를 가꿔야 하듯이, 매장도 매일 청소하고 다듬고 활력을 불어넣어야 합니다. 한마디로 자기 매장을 사랑해야 합니다. 소중히 보살피고 가꿔야 합니다.

홍보는 우리 매장과 상품의 매력을 세상에 널리 알리는 일입니다. 그렇다면 자신 있게 보여주고 싶은 매력부터 갖춰야 합니다. 사랑스러운 매장 만들기야말로 홍보에 앞서 가장 먼저 해야 할 일입니다.

장사와 사업의
차이가
궁금합니다

외식업은 장사와 사업을 구분하기가 쉽지 않습니다. 일반적으로 본인이 직접 일하지 않아도 매장이 돌아가면 '사업'으로 보는데요. 그렇다면 현재 10개 넘는 매장을 운영하며 프랜차이즈 사업을 병행하고 있는 저도 사업가입니다. 그런데 단순히 다점포를 하면 사업이고 하나의 매장을 운영하면 장사라고 못 박을 수는 없습니다. 단일 매장으로 연간 30억, 50억이 넘는 매출을 올리는 식당들도 있는데, 그러면 이 식당들은 사업이 아닌 걸까요?

또 하나 고려할 점이 있습니다. 외식업은 다른 어떤 업종과 비교해도 접객 빈도가 높고, 음식을 다루기에 사람의 품이 많이 들어갑니다. 저도 체계를 만들어 다수 매장을 운영하고 프랜차이즈를 하고 있지만 변수가 많아서 일정 수준을 꾸준히 유지하기가 만만치 않습니다.

외식 시장에서는 상대적으로 시스템이 좋은 대기업 직영점들도 폐업하거나 명맥만 유지하는 경우가 적지 않습니다. 롱런하는 프랜차이즈 브랜드가 드물다는 점만 봐도 외식업이 결코 녹록하지 않다는 걸 알 수 있습니다. 같은 프랜차이즈도 점주의 역량에 따라 성과가 천차만별입니다.

외식업에서 시스템을 기준으로 장사와 사업을 구분할 수는 없습니다. 굳이 구분하자면, 대표가 장인정신을 가지고 노동력을 투입하거나 매장에서 꼭 근무해야 하는 경우는 장사라고 할 수 있습니다. 시스템을 구축하고 관리자를 두어 다점포나 프랜차이즈를 운영하면 사업이라 볼 수 있고요. 따라서 단일 매장이라도 시스템을 구축

외식업의 본질은 장사든 사업이든 꾸준한 성장이다.

하고 운영하면 사업입니다. 다점포나 프랜차이즈를 경영한다고 해서 모두 사업은 아닌 것이죠.

외식업은 장사와 사업의 구분이 크게 의미가 없습니다. 장사한다는 말보다 사업한다는 말이 더 그럴듯하게 들릴지는 모르겠지만, 제 생각에 사업이 장사보다 수준이 높은 것이 아닙니다. 그 반대로 마찬가지예요. 같은 맥락에서 자기 매장이 몇 개인지도 핵심은 아니라고 생각합니다. 운영하는 매장의 수보다 꾸준히 진화하고 성장하고 있느냐가 훨씬 중요합니다. 사업이든 장사든 자신만의 차별성을 갖고 계속 발전해나가는 게 최고입니다. 진정한 외식업의 최고봉은 장사냐 사업이냐를 따질 것 없이 오랫동안 고객의 사랑을 받으며 성장하는 곳입니다.

벤치마킹하면 좋을
식당을
추천해주세요

저는 전국의 유명하다는 식당들은 거의 다 가봅니다. 오래된 노포(老鋪)부터 이름난 맛집들, 새로운 트렌드를 이끄는 식당들, 그리고 최근에는 기획형 식당들까지 벤치마킹 겸해서 꼭 가보는 편입니다. 맛으로만 보면 사실 널리 이름난 식당들보다는 현지인들이 자주 찾는 작은 식당들이 더 나을 때가 많습니다. 저 역시 유명하다는 식당에 가서 음식 맛을 보고는 고개를 갸우뚱한 경우가 적지 않습니다. 이처럼 대박 식당을 찬찬히 살펴보면 맛이 전부가 아니라는 걸 알게 됩니다. 그래서 저는 음식이 맛있었던 식당보다는 '임팩트' 있었던 식당을 추천하고자 합니다.

먼저 수원에 있는 '제철쌈밥' 식당입니다. 2018년에 방문했기에 지금은 어떻게 변했을지 모르지만 큰 규모의 매장에 주차장이 넓고

발레파킹도 해줍니다. 숍인숍(shop in shop) 형태로 그 안에 반찬 매장까지 두는 등 매출을 극대화할 여러 장치를 마련해둔 게 인상 깊었습니다. 특히 제가 놀란 부분은 바로 화장실입니다. 마치 호텔 방처럼 꾸며져 있었거든요. 대기하는 소파부터 럭셔리한 인테리어, 냄새가 전혀 안 나는 환기 시스템과 좋은 향까지 그야말로 완벽했습니다. 물론 큰 식당이고 돈이 많아서 그럴 수 있다고 생각할 수 있겠지만, 고객 입장에서는 화장실만 써보고도 '이 식당은 다르구나' 느꼈을 겁니다. 저도 항상 화장실에 신경 쓰면서도 실천이 쉽지 않은데 여기에 제대로 투자한 걸 보고 감명을 받았습니다.

또 하나는 수경 재배 시스템이었습니다. 실제 수확량까지는 잘 모르겠지만 일단 고객들이 안심할 수 있겠다 싶었습니다. 비용 측면에서도 변동이 심한 채솟값을 어느 정도 아낄 수 있을 듯했습니다. 일단 이런 아이디어를 내고 실현하기 위해 투자했다는 것 자체가 대단하지 않습니까? 그동안 대형 매장을 많이 가봤지만, 시스템은 물론이고 여러 면에서 선구적인 투자를 실천한다는 점에서 아주 인상적인 식당이었습니다.

두 번째로 임팩트가 있었던 곳은 전라남도 영광에 있는 카페 '보리'입니다. 매장 오너의 입장에서 굉장히 설계가 잘되었다는 인상을 받은 매장인데요. 일단 바로 앞 바다 뷰가 기가 막힌 카페입니다. 규모는 크지 않지만 바다 전망과 함께 마당에 보리를 심어 풍경이 뛰어나 손님 많고 장사도 잘되는 곳입니다. 제가 봐도 감동적이라 할 만큼 좋았습니다.

그런데 커피를 주문하려고 보니까 커피 머신이 없습니다. 대신 콜드브루(cold brew)만 팔더군요. '이야! 대박이구나' 싶었습니다. 카페라면 으레 커피가 맛있거나 시그니처 음료 메뉴가 있어야 한다고 생각하잖아요. 그런데 여기는 커피 머신 없이 콜드브루만 납품받아서 파는 방식이었습니다. 그야말로 역발상이지요. 머신이 없으니 투자비가 적게 들고, 3명이 일할 거 2명만 있어도 됩니다. 음료 나오는 속도가 빠르고 그만큼 회전도 빠릅니다. 물론 고객의 입장에서는 커피 메뉴가 다양하지 않아서 아쉬울 수 있으나, 아름다운 전망이 단점을 상쇄하고도 남습니다. 말하자면 커피보다는 풍경을 맛보러 오는 카페인 셈이지요.

카페 보리는 자기 강점을 확실히 알고 거기에 집중하고 그걸 전면에 내세우는 전략으로 성공한 케이스입니다. 여기에 맞춰 음료도 맛보다는 편리성에 중점을 두었습니다. 콜드브루 메뉴 구성으로 고객이 기다리지 않게 하는 전략을 구사한 것입니다. 외곽지 카페나 식당을 운영할 때 난제 중 하나가 구인난입니다. 사람을 못 구해서 문을 닫아야 할 정도인데요. 이곳은 최소 인력으로 운영하게끔 디자인하여 이런 어려움을 덜어냈습니다. 매장을 둘러보면서 설계를 참 잘했다는 생각이 들었습니다. 입지에서 오는 강점을 정확히 파악하고 손님층을 분석한 다음 맛보다는 뷰와 오퍼레이션에 초점을 맞춘 기발한 매장이었습니다.

세 번째 추천 식당은 기획형 식당의 '끝판왕'인 '산청숯불가든'입니다. 전국에서도 핫하기로 손에 꼽히는 식당이 아닐까 싶습니다.

고유한 차별성으로 빛나는 식당을 벤치마킹하면 배울 점이 많다. 위는 카페 보리(왼쪽)와 산청숯불가든(오른쪽), 아래는 수원에 있는 '제철쌈밥' 식당이다.

기획 단계부터 철저히 준비된 연출로 대한민국 외식 신(scene)에 한 획을 그은 식당입니다. 이는 말로 설명하기 어렵고 직접 가서 눈으로 보고 경험해봐야 합니다. 경상남도 산청의 특산물인 흑돼지를 모티브로 한 메뉴 구성과 영화 세트장을 방불케 하는 인테리어와 압도적인 규모, 놀라운 매출 성장세로 전국적인 인지도를 단숨에 얻은 식당입니다. 발군의 기획력에 자본의 뒷받침으로 식당을 넘어서 '작품'을 보여주는 듯한 사례입니다. 물론 어마어마한 돈이 들어갔기에 일반 식당 사장은 꿈도 못 꿀 규모이지만 그래도 한번 직접 보고 느낄 필요가 있는 식당으로 추천합니다.

지금까지 소개한 세 식당은 메뉴가 다르고 개성도 제각각이지만 공통점이 있습니다. 고객의 니즈를 정확히 파악하고 식당의 콘셉트를 잘 잡았다는 것입니다. 모든 식당과 매장은 고유하기 마련입니다. 각자의 규모나 입지, 장단점 등이 다르니까요. 중요한 건 매장에 적합한 퍼포먼스를 고객에게 제대로 보여주어야 한다는 겁니다. 그러려면 공부는 필수고 입체적인 사고와 다양한 아이디어 발상이 가능해야 합니다. 이때 기본적이면서도 유용한 방법이 벤치마킹입니다. 제가 추천한 식당이 아니더라도, 시간을 내서 여러 식당을 다니면서 세심하게 관찰하고 철저하게 분석해보기 바랍니다.

다점포 경영자로서
가장 크게 배운 한 가지는
무엇인가요?

처음부터 다점포를 하겠다고 마음먹고 시작한 건 아니었습니다. 어쩌다 보니 운이 좋아서 매장 하나가 둘이 되고 셋이 되고, 그렇게 하나씩 늘다 보니 여기까지 왔습니다. 그동안 공개적으로 밝힌 적은 별로 없지만, 돌아보면 곡절이 적지 않았고 위기도 여러 번 있었습니다. 이참에 좀 더 이야기해보겠습니다.

외식업이 뭔지 이제 좀 알 것 같다고 생각하면 또 다른 문제가 터지더군요. 장사가 좀 된다 싶으면 바로 다음 달부터 매출이 떨어지는 경우도 빈번했습니다. 노무, 세무 등 알아야 할 건 왜 그리 많던지요. 언제 매출이 떨어질지 몰라 불안과 걱정으로 보낸 날도 숱합니다. 다행히 크게 무너지지 않고, 대체로 계속 성장해온 것에 감사할 따름입니다.

매장이 하나둘 늘어나고 직원도 많아지고, 언젠가부터는 성공했다는 말도 듣게 되었습니다. 그러면서 제게 작은 깨달음이 생겼습니다. 큰 성공은 하늘이 내려줄지 모르지만 작은 성공은 누구나 할 수 있다는 겁니다. 매장 하나를 놓고 이야기해볼까요.

처음 매장을 열면 다들 의욕이 넘칩니다. 청소도 잘하고 손님들에게 인사도 꼬박꼬박 합니다. 열이면 열, 이 마음 잃지 않고 끝까지 잘해보겠다고 합니다. 그러다 하나둘씩 타협을 하거나 자기 합리화를 하면서 초심을 잃어버립니다. 매장을 소홀히 하는 거지요. 핑계는 백 가지요, 사건 사고는 끊이지 않습니다.

저는 잘나가는 사장을 많이 만나봤습니다. 외식업계에서, 특히 오랫동안 잘되는 사람들은 공통점이 있더군요. 할 일을 미루지 않고 꼭 한다는 점입니다. 청소와 인사, 재료 준비처럼 매일 해야 하는 작은 일들을 소홀히 여기지 않습니다. 제가 보고 겪은 성공의 비법은 다른 게 아닙니다. 이런 사소한, 어쩌면 귀찮은 일들을 대하는 마음가짐이 관건이었습니다. 장사가 잘되면 '에이, 그냥 오늘은 넘어가자.' '하루 안 한다고 뭐가 달라지겠어?' 이런 마음이 들 법도 한데 대박 식당 사장일수록 자신이 정한 원칙을 철저하게 지키더군요.

이 글을 읽는 여러분도 한번 생각해보세요. 소소한 일들, 그거 잘한다고 성공하겠느냐는 의문이 들 수 있습니다. 그런데 제가 만난 오래 성장하는 사장들에게는 변함없는 루틴이 있었습니다. 가령 식재료만큼은 직접 고르거나 음식 소스는 손수 만들거나, 본인이 해야 할 일은 어떤 일이 있어도 거르는 법이 없었습니다. 독서면 독서, 운동이면 운동, 그게 뭐든 지루하게 반복되는 일상에도 지치지 않고 꾸준히 하는 모습을 수없이 확인했습니다.

매장 관리도 다르지 않습니다. 장사에 비법은 없습니다. 늘 깨끗하게 가꾸고 손님에게 친절하며 음식을 정성껏 조리하는 일, 어쩌면 외식인으로 기본적인 직분을 꾸준히 열심히 하는 것이 비법이라면 비법입니다. 매장이 하나든 열이든 마찬가지입니다. 기본적인 사항들을 항상 점검하고 개선해나가는 일, 이걸 하루도 거르지 않고 꾸준히 하는 것이 능력이고 실력입니다.

별거 아닌 것처럼 보이죠? 쉬울 거 같죠? 어렵습니다. 대단히 어렵습니다. 매일 매장을 청소하고 유리창을 닦는 일, 손님에게 정성을 다해 음식을 대접하는 일, 이와 같은 일을 꾸준히 마음을 다해서 할 줄 알아야 한다는 것이 제가 가장 크게 배우고 느낀 점입니다.

● 후기 ●
온리원의 조건은 내실, 내면, 내공

배병덕 대표

최근 우리나라 경제 사정이 악화일로입니다. 예전부터 불황이라고 했지만 매년 점점 더 사정이 안 좋아지고 있습니다. 코로나19 때보다 더 나쁘다는 하소연이 이상하지 않습니다. 상황이 버겁다고 해서 가만히 지켜만 볼 수는 없습니다. 위기를 극복하려면 공부를 해야 합니다.

요즘 사람들은 책보다 영상 콘텐츠를 더 선호합니다. 제 주변을 보면 외식인들이 특히 그런 것 같습니다. 저도 유튜브를 통해 정보를 얻곤 하지만, 유튜브에 차고 넘치는 외식 관련 콘텐츠는 대부분 피상적입니다. 내용은 부실한데 자극적인 섬네일로 조회 수만 올리려는 꼼수가 난무합니다. 심지어 허위 정보와 가짜 뉴스도 적지 않습니다. 그러고 보면 책보다 훌륭한 스승은 정말 드뭅니다. 책 속에 길이 있다고 하지 않던가요. 어쩌면 이 책에도 문제를 해결하고 힘차게 성장할 수 있는 실마리가 들어 있을지도 모릅니다.

저 역시 최근에 책을 읽고 공부를 하면서 세 가지 '내'가 있어야 함을 깨달았습니다. 그 세 가지란 내실, 내면, 내공입니다. 먼저 '내실'은 내부의 실제 사정입니다. 제 식으로 표현하자면 내실은 일의 결과물입니다. 집, 건물, 현금, 주식 등 결과물이 있어야 합니다. '내면'은 밖으로 드러나지 아니하는 사람의 속마음입니다. 따뜻하고 배려하는 마음이 곧 나의 내면이길 바랍니다. 마지막으로 내공은 오랜 기간의 경험을 통해 차곡차곡 쌓은 능력입니다. 다시 말해 인생 경험에서 우러나오는 지혜를 말합니다. 내실, 내면, 내공. 치열한 외식업은 물론이고 만만치 않은 인생길에서 온리원 식당이 되려면 이 세 가지가 조화를 이루어야 합니다. 어느 하나 부족함이 없어야 알찬 존재가 됩니다.

인생의 시련은 거대한 파도처럼 온다고 합니다. 사업도 다르지 않습니다. 그동안 크고 작은 파도를 수시로 맞았습니다. 어떤 사람들은 이를 굉장히 두려워하고 주저앉고 싶어 합니다. 바다의 서퍼(surfer)는 파도가 밀려올 때 당황하지 않고 오히려 그 파도를 즐기면서 나아갑니다. 저는 서퍼가 되고자 합니다. 어려움이 찾아왔을 때 현실을 직시하고 서퍼의 마음으로 극복하고 싶습니다. 때로 태풍처럼 거센 바람과 커다란 파도가 덮칠 때도 있었습니다. 그럴 때마다 위기를 잘 극복하면 내 마음이 단단해지고 사업도 성장한다는 걸 여러 번 체험했습니다. 마음과 사업도 아픔과 고통이 있어야 성장하나 봅니다.

이번 책을 쓰면서 어려움도 있었지만 좋은 일이 더 많았습니다. 책을 쓰는 와중에 이쁜 쌍둥이 딸을 낳는 경사가 겹쳤습니다. 너무 사랑스러운 두 딸에게 아빠의 첫 책을 바칩니다. "배서윤, 배서아, 사랑한다. 항상 행복하고 건강하게 자라다오." 또 책을 쓰는 중에 오유미당에 이어 두 번째 브랜드인 '주해장집'을 론칭했습니다. 낮에는 밥집, 저녁에는 술집으로 변신하는 주해장집을 1년 동안 준비하고 첫 매장을 오픈하는 과정은 출산에 비유할 수 있습니다. 하나의 브랜드를 탄생시키기까지 정말 많은 에너지와 고통이 따랐는데, 1호점에 이어 2호점과 3호점도 성업 중이니 참으로 기쁘고 감사합니다.

처음 책을 쓴다고 마음먹었을 땐 쉽게 생각했습니다. 저는 전문 작가가 아니라 외식 현장에서 일하는 대표지만, 그래도 평소에 책 읽는 걸 좋아하고 나름대로 경험과 성과도 있으니 금방 쓸 줄 알았습니다. 그런데 아니더군요. '작가'라는 직업이 왜 있는지 새삼 느꼈습니다. 내 생각과 경험을 글로 표현한다는 게 이리 어려운지 몰랐습니다. 이 자리를 빌려 함께 작업한 홍승완 작가님, 박노진 대표님, 오동엽 대표님, 박상욱 대표님, 이문규 대표님, 그리고 '용기있는사람들'의 직원들에게 감사하다는 말씀을 전합니다.

박상욱 대표

후기를 쓰면서 가장 먼저 드는 마음은 감사함입니다. 처음 책 쓰기를 제안한 대산보리밥 이문규 대표와 외식업계의 큰 산 박노진 대표님. 그리고 함께한 배명덕 대표, 오동엽 대표에게 깊이 감사드립니다. 좋은 책을 만들기 위해 노심초사하며 끝까지 애써주신 홍승완 작가님에게도 고마운 마음을 전합니다. 누구보다도 힘과 능력을 주신 하나님께 모든 영광을 올립니다.

새로운 시작은 가슴 설레는 일이지만 현실의 벽에 부딪힐 때면 강한 압박을 느끼곤 합니다. 꾸준함 속에서 한발 한발 내딛는 의지와 용기가 지금의 시나피를 있게 한 원동력이었다고 생각합니다. 이렇듯 걸어오는 동안 크고 작은 압박을 이겨내고 이룬 변화는 늘 옳

았던 것 같습니다.

처음엔 책을 써보고 싶다는 막연한 생각에 가슴이 뛰었습니다. 호기롭게 시작했지만 책 집필이 일상의 중심을 차지하자 점점 만만치 않은 작업이 되었습니다. 어쩌면 그래서 매일 치열한 전쟁터인 비즈니스 현장에서 피곤한 눈을 비비며 글을 써 내려간 시간을 잊지 못할 듯합니다. 그리고 그 글들이 모여 한 권의 책이라는 큰 결실로 돌아와서 정말 기쁩니다.

코로나 팬데믹이 지나가고 안심하던 시간도 잠시, 곧 더 큰 어려움이 몰려왔습니다. 우리와 멀리 떨어진 곳에서 일어난 예기치 못한 전쟁으로 밀 가격이 폭등하고, 생활 물가가 치솟으면서 소상공인들의 처지는 아주 안 좋아졌습니다. 재료비는 멈출 줄 모르고 올라가고 사람들의 주머니 사정이 얇아지면서 고객들은 코로나 때보다도 더 가성비를 중시했습니다. 그동안의 경험을 돌아보면 나를 둘러싼 환경이 악화일로일수록 상황과 현상에 휩쓸리지 않고, '업의 본질'에 집중해야 합니다.

저는 이 책에서 온라인 비즈니스의 가치와 잠재력을 강조했습니다. 사업 환경은 역동적이고 변화를 종잡을 수 없는데, 온라인 사업은 더욱 그렇습니다. 온라인 비즈니스의 선구자로 알려진 아마존 창업자 제프 베이조스는 앞으로 10년 동안 무엇이 변할 것 같으

냐는 질문을 많이 받는다고 합니다. 그런데 그는 정말 중요한 질문은 이것이라고 합니다. "앞으로 10년 동안 변하지 않을 것은 무엇입니까?" 그러면서 세상이 아무리 변해도 낮은 가격과 빠른 배송이라는 아마존 고객의 욕구는 바뀌지 않을 거라고 합니다. 그렇습니다. 역시 '업의 본질'이 중요합니다. 이 글을 쓰고 있는 지금, 저도 외부 자극에 쉬이 흔들리지 않는 깊은 철학과 굳건한 본질이라는 뿌리로 100년 가는 식당을 꿈꿉니다.

나는 한적한 지방의 작은 빵집 주인입니다만 시나피의 이야기는 끝나지 않았습니다. 오늘도 현재 진행형이며 미래에도 계속해서 새롭게 펼쳐질 겁니다. 물론 앞으로도 크고 작은 어려움을 겪고 위기에 직면하겠지요. 저는 계속해서 꿈을 그리고 기도하며 한 걸음씩 나아가겠습니다. 지금과 같은 도전과 배움의 정신을 놓지 않는다면 걸림돌을 디딤돌 삼아 지금까지 그랬듯이 한 걸음 한 걸음 성장해 나갈 거라 믿습니다.

이 책을 통해 낙심해 있는 독자에게 할 수 있다는 용기를 선물하고 싶습니다. 그럴 수만 있다면 크나큰 영광이 될 것 같습니다. 이 책을 읽고 누군가는 희망을, 다른 누군가는 외식업에 도움이 되는 팁을 얻을 수 있다면 좋겠습니다. 이는 힘겨운 여정을 거치며 글을 쓴 분명한 이유였습니다. 끝까지 읽어주셔서 고맙습니다.

오동엽 대표

외식업에 입문한 지 2024년 올해로 7년 차입니다. 장사를 하면서 많은 우여곡절이 있었습니다. 그래도 지금은 '목포 백종원'이라 불리며 16개의 매장을 운영하는 다점포 경영과 프랜차이즈 사업을 하고 있습니다.

나름대로 성공했다고 생각하고 이번에 책을 쓰면서 내가 뭘 잘했는지 돌이켜 봤습니다. 그런데 솔직히 말하면 운이 좋았다는 거 말고는 설명이 안 됩니다. 정말이지 운이 좋았고 장사 복이 많아서 망하지 않고 여기까지 온 것 같습니다.

삼겹살이 대중적으로 소비가 많이 되기에 이 아이템으로 하면 망하지는 않겠다고 시작한 외식사업이 어느덧 매장이 10개를 훌쩍 넘어가고, 프랜차이즈 가맹점으로 시작했던 제가 이제는 프랜차이즈 대표가 되었습니다. 저는 제가 사는 지역의 오래된 점포를 계승하고 그걸 바탕으로 전국 프랜차이즈 사업을 하고 있습니다. 이 모든 게 운이 따르지 않았다면 안 되었을 일입니다. 그래서 더 감사한 마음입니다.

지금까지 제 경험이 이렇다 보니 운칠기삼(運七技三)이 아닌 운구기일(運九技一)이라고 종종 말합니다. 부정적인 생각은 최소화하고 항상 운을 부르려고 노력하고 '난 운이 좋은 사람이야. 다 잘될 거야. 내겐 천운이 따라.' 이렇듯 긍정적인 사고를 유지하려 합니다.

또한 '내가 잘했어'보다는 늘 '덕분에'라고 생각합니다. 그러다 보니 좋은 사람들이 곁에 오고 에너지가 좋아지고 사업도 잘되는 것 같습니다. 책을 쓰고 이렇게 저자가 된 것도 좋은 분들의 격려와 도움이 없었다면 불가능했을 겁니다. 이 모든 게 운이 좋았고 복이 따른 덕분입니다.

앞으로도 운이 좋을 거라고 믿고 있습니다만, 그렇다고 운에 기대지만은 않을 생각입니다. 세상에는 다양한 성공 방정식이 있습니다. 돌아보면 저는 그 모든 방정식이 내게 통한다고 믿고, 하나하나 나름대로 사업에 접목해온 것 같습니다. 외식 전문가들이 벤치마킹이라 부르는 작업을, 저는 멋모르는 초보 외식인일 때부터 본능적으로 해온 듯합니다. 여러분도 저처럼 해보시기를 바랍니다. 그렇게 꾸준히 하다 보면 분명 성공 가도를 달리게 될 겁니다. 생각한 대로 이뤄진다는 말을 믿습니다. 저는 지금 목포를 넘어 전국으로 브랜드와 매장을 확장하고 있습니다. 3년 안에 매출을 1,000억 원으로 올리는 게 목표입니다. 힘든 여정이겠지만 될 거라는 생각을 가지고 최선을 다하고 있습니다.

올해 파격적인 조건으로 메이저리그에 진출한 이정후 선수는 항상 운동이 끝난 후 개별적으로 스윙을 200번씩 더 했다고 합니다. 남들은 훈련 끝났다고 쉬러 갈 때 연습을 더 했습니다. 잘하는 선수는 더 잘하기 위해 노력합니다. 그리고 항상 메이저리그를 꿈꾸고 진출할 거라는 믿음을 가졌다고 합니다. 긍정적인 믿음을 가지고 매일 남들보다 한 번이라도 더 스윙을 한 것이 이정후 선수가 메이저리거로 도약한 원동력입니다.

저 또한 현재의 작은 성공에 자만하지 않고 더 큰 성공을 향해 가겠습니다. "열심히 하겠습니다"라는 말을 좋아하지 않습니다. 아니, 싫어합니다. 누구나 열심히 하는 세상입니다. 그래서 저는 "꼭 잘하겠습니다"라고 말합니다. 꼭 잘하겠습니다. 지금 이 책을 손에 든 그대도 잘하시기를 바랍니다. 우리 모두 꿈을 이룬 모습으로 만납시다.